Un migrant qui fuit la guerre se fait discret et humble...

Il est heureux d'être accueilli dans le pays qui le sauvera... et montre sa reconnaissance en s'intégrant et s'impliquant dans la vie de sa nouvelle patrie de manière constructive... et ne se manifeste pas par la violence ni en s'imposant ou en imposant sa barbarie...

Restaurons la France - Verbatim de mes Pensées Anarchiques

Jesse CRAIGNOU

Depuis la Genèse de notre monde l'Homme a voyagé de part les terres et les mers... peuplant... dépeuplant... repeuplant même... au gré de ses besoins et/ou de ses envies... l'Homme est né libre et la Terre était à tout le monde pourvu qu'on veuille bien l'entretenir...

Tant et si bien que le monde finit par s'organiser pour le meilleur et pour le pire... bon an mal an... et la Terre, désormais peuplée jusque dans ses moindres recoins, se vit investie par son parasite bipède...
Les nations se créaient... s'organisaient et entretenaient leur souveraineté... décidant de leur avenir et de leur(s) peuple(s)...

Jusqu'aux années 80 où le monde a pris un tournant en accéléré vers le bas... toutes les sociétés ont commencé à se déliter... s'effriter, laisser transpirer par les fractures et leurs crevasses le tout et le n'importe quoi... pire encore, le n'importe qui... au gré de manipulateurs intéressés et de doux dingues idéalistes ignorants...
Il y eu aussi l'esclavage... et les migrations organisées... souvent par des pays se disant en mal de main d'œuvre alors qu'ils croulaient sous le chômage (France, Italie, ...)...

#attentat #étranger #frontnational #français #France #migrant #politique #gauche #république #syndicat

France Etat d'urgence !

Les Français, et les Européens, doivent regagner la maîtrise de leur pays et de leur économie en tous points...

La France est devenue l'esclave de l'Europe, des Etats-Unis et de la Chine !
La France a confié sa gestion et son emploi à l'étranger, qui ne les lui a pas rendus, depuis trop longtemps... Il est une question de survie que la France doit récupérer son industrie, son emploi et redevenir propriétaire de sa dette si dette il y a... c'est la seule solution à la souveraineté nationale et du peuple français... toutes les mesures économiques et politiques des cent dernières années n'on fait que lui coûter... et la politique des trente-cinq dernières années l'a vue envahie d'indésirables improductifs et coûteux...

Pour assurer sa survie, la France doit reprendre les rênes qu'elle a, depuis trop longtemps, laissés aux autres...
La qualité des produits français, généralement produits à l'étranger, ne lui assure plus la reconnaissance ni la rémunération qu'elle a connue...
Les Français doivent prendre les armes de leur reconquête mais également le travail... un pays qui sombre et croule sous le poids de son chômage... quand elle importe des travailleurs et se laisse envahir ne saurait être et rester autonome...

La France, comme les autres pays du premier monde des années 60 et 70, a confié ses 'basses besognes' aux étrangers car les français n'en voulaient pas laissant entrer dans le pays des forces vives... qui ne lui ont pas toujours été reconnaissantes... et elle a aussi envoyé son industrie en Asie... qui a vite su la copier et lui prendre sa place... la dépouillant d'un savoir-faire et d'une économie qui faisait sa force et forçait le respect de la concurrence...

De même, pour les fournisseurs incontournables encore à ce jour, il est impératif de gérer la logistique de l'entreprise France !
Des mesures magistrales doivent être prises sur le combat contre la pollution et le gaspillage...
La France doit au plus vite sortir de sa dépendance délétère et fatale des pays producteurs de pétrole... qui viennent nous envahir en retour... il est possible de trouver d'autres sources d'énergie (nucléaire, solaire, éolienne et aquatique... que la France n'a jamais vraiment développées) et de recycler pour réduire les imports... le plastique (dérivé du pétrole) doit être recyclé et banni autant que faire se peut... à commencer par les sacs plastiques !

Au Programme

Écrire Et Moi

Écrire Et Moi

Issu d'une famille internationale et pluriculturelle, j'ai appris très tôt à vivre avec plusieurs langues et plusieurs cultures...
Une vie bien remplie qui m'a également enseigné à l'importance des mots et de la communication.

Les mots pour moi sont un nectar divin...
Faute de mieux, je suis prêt à en inventer, en ajouter... si cela sert le but de mes écrits... il y a tant et si peu de mots pour tout dire... les mots ont leur propre musique et ils doivent être musique pour être émis... une vraie poésie pour le musicothérapeute que je suis devenu...

Dès la minute où j'ai su écrire j'ai écrit... pour ne plus jamais m'arrêter...
Mon premier souvenir d'écriture me renvoie à l'enfant que j'étais à la maison au soir de son premier jour d'école qui essaie d'écrire son nom sur son petit tableau noir...
C'est aussi celui de ma première faute ! Mon père vient me corriger... et j'ai instantanément su que j'étais fait pour écrire...
De là, j'ai écrit tout le temps partout sur tout et surtout sur tout... et quand je n'écrivais pas je lisais... tout partout... les mots m'imposent leur présence et je ne sais y résister...

Il était un temps auquel la poésie appartenait à la culture populaire avant qu'elle ne soit retenue en otage par l'élite... et je me revendique de cette époque...
Les gens citaient et récitaient des poèmes comme les gens de nos jours chantent dans la rue... et leurs mots étaient musique...

Il y a quelques années, Nicolas, un de mes étudiants, m'a présenté un travail qu'il avait préparé sur l'écrivaine jamaïcaine Louise BENNETT –la première femme à écrire dans son créole- et il m'a intimé par cela l'envie d'être le premier écrivain et comment j'aurais aimé être à l'origine de l'écriture... à l'origine du premier livre... de la première fiction... ou encore comme Elias CANETTI, qui à vouloir comprendre ce que ses parents échangeaient en allemand, est devenue l'un des plus grand auteur allemand moderne... parce qu'avec l'écriture vient l'histoire... et avec l'histoire viennent les histoires...

Mes principaux intérêts s'adressent à la nature, aux êtres et à la vie...
La plupart des gens ne réalisent le côté surréel de la vie... moi si...

La majeure partie de mes écrits s'intéresse à la communication... et mon travail trouvera sûrement plus de justice dans une rendition orale ou scénique plus encore que lue... ou au moins à haute voix... qu'il s'agisse de textes, de poèmes, de chansons, de billets, ... et j'ai plusieurs livres audio qui en attestent...

J'écris également pour le monde des affaires et pour les enfants...
Mes livres sont majoritairement en français et anglais...

#attentat #étranger #frontnational #français #France #migrant #politique #gauche #république #syndicat

Restaurons la France - Verbatim de mes Pensées Anarchiques

Jesse CRAIGNOU

A tous,

Je publie ici toutes mes réflexions, idées, propositions et opinions sur tout ce que les médias ne nous disent ou nous cachent pour mieux collaborer avec l'aberrant, l'infâme, politique des 50 dernières années qui ne fait que jouer contre la France et les Français... tout ce qui dérange la pensée unique, les bien-pensants et les donneurs de leçons qui ne font que participer au vol et au viol de Marianne... tous ceux-là qui ne pensent qu'à leur intérêt sous couvert de bonnes paroles... mais de mauvaises actions... qui vous disent quoi faire mais ne le font pas...

Cette France-ci n'est pas la France... pas cette France-là mais la France de la grande cuisine avec tous ses plats, fromages et vins, la France de la littérature avec tous ses différents styles littéraires, la France de la mode avec ses Chanel et Dior, ... et la France de l'industrie, jadis enviée et applaudie du monde entier pour sa production et sa créativité... la France pour son bien et bon vivre en toute sécurité, la France pour sa Liberté et ses Droits de l'Homme, la France qui recevait plus de 80 millions de touristes par an, soit bien plus que ça population... la France du vrai Tour de France, pas la parodie de Tour d'aujourd'hui... pas cette France-là qui n'a plus rien à voir avec la France... mais n'est plus que la bâtarde de l'Oncle Sam et de l'islam...

Patriotiquement vôtre !

J'écris
Merci
J'ai écrit
Livres Audio
Formations et Coaching

La France doit rester Française !

Produire français, manger français et vivre français !

Il est important de ne plus jamais se laisser envahir sous quelque forme que ce soit... les commerces et entreprises étrangères doivent rester un minimum... ainsi que les achats de propriété sur le territoire français...
De même ne pas s'étendre où elle n'a que faire... et se libérer des territoires d'Outre-Mer coûteux et improductifs... abolir tous les privilèges et autres arrangements avec les anciennes dépendances et colonies... et bien sûr renvoyant tous les criminels autres malfaiteurs ou fraudeur au pays... nationalité française ou pas...

C'est possible... les Français d'alors ont repoussé les Maures (Arabes) à Roncevaux sous l'égide du preux Roland... et les Espagnols ont bouté l'Arabe hors d'Espagne avec le mariage d'Isabelle la Catholique et de Ferdinand d'Aragon...

La nationalité française doit se mériter et se gagner... au prix d'une allégeance sans faille à la culture et la nation française en tous points... toute défection doit être sévèrement sanctionnée... avec la déchéance des droits et de la nationalité... à la moindre incartade... sans pouvoir de renégociation... comme le pratiquaient les USA encore dans les années 80...
Les Français n'ont pas à faire les frais de la casse des autres... casseurs payeurs !
Cette France des territoires de non-droit... où ni la police ni les pompiers n'ont plus accès... à la merci d'une racaille barbare... qui n'hésite pas à brûler le drapeau français devant tous les médias... et dont les idoles, non françaises, refusent de chanter l'hymne du pays qui les a accueillis, éduqués, nourris, logés... aux frais du denier du contribuable... dont la plupart des familles n'a jamais fait partie... ne vivant qu'en parasites...

Pour rétablir une vraie égalité, tout le monde doit être imposé... selon son revenu et sur tous ses revenus ! Les allocations familiales doivent être abolies... que chacun fasse des choix familiaux responsables... et les assume !
Les aides et assurance telles le RSA, la CMU et l'APE doivent être accordées à ceux qui ont cotisé et limités dans le temps en durée et quantité (le minimum doit être le maximum ! Ces assurances ne sont faites à l'origine que pour passer à la suite... et non pas un revenu ni un mode de vie)...
Un ami algérien me disait déjà en 1987 : *'Tous les Arabes dont les Français ne veulent pas en France... nous n'en voulons pas chez nous non plus !'*

Et retrouver sa fierté... la France n'a pas à rougir d'être le grand pays qu'elle a été... bien au contraire... elle doit se redresser !
De grâce qu'on arrête de nous seriner que la France s'est faite sur le terreau des autres cultures... il n'y a rien de plus faux !
La France et sa culture se sont érigées sur le terrain des cultures locales de ses régions... relevons ces soldats endormis et vous verrez que la France n'a rien pris, ni emprunté, à personne !

Jesse CRAIGNOU

Curieusement… et Dieu sait pourquoi… il semble que les années 80 ont été celles de l'avènement du mal…

La Politique et les Politiques

Arrivent les nouvelles élections et revoilà tout le monde en campagne ! Tous les politiques et politiciens suivis dans leur sillage de toute la meute de leur aéropage... pour nous dire quoi ? La même chose... ils se répètent repris en chœur par les médias de tous bords... sans se soucier de ce qui intéresse et concerne vraiment les électeurs... la nation...

Quiconque s'engage en politique oublie généralement qu'il ne s'agit nullement là de se servir ni de servir ses propres intérêts... mais de servir la nation dans le plus grand intérêt des citoyens... une démarche totalement altruiste... et non pas égoïste !
Le politique est au service de ceux qui l'élisent... pour représenter au mieux leurs intérêts... comme nous confierions nos économies à une banque pour les faire fructifier...
Il n'importe pas à l'électeur ce que pense ou ce que décide l'élu... seuls ses actes comptent... les mots s'envolent c'est bien connu... et l'électeur entend et s'attend à ce que les promesses soient tenues...

La plupart ne remarque même plus le peuple... et n'a aucun complexe à revenir battre campagne aux prochaines élections sans honte ni complexe... nous refaisant souvent même les mêmes promesses... et ils nous font leur numéro de charme sur toute la gamme... du chantage à la menace... en passant par les interminables enfumages et amalgames... au point de finir par rebuter même les plus endurcis de leur camp...
C'est d'ailleurs arrivé à une de mes amies... qui aimait tant la piscine de sa ville qu'à l'annonce de la fermeture de ce monument du patrimoine local, elle s'embarqua dans une émulation synergétique des forces vives de son entourage pour contraindre la municipalité à revenir sur sa décision... la piscine va non seulement rouvrir et être modernisée et même mise aux normes actuelles... pour le plus grand bonheur des nageurs...

Mais les politiques sont trop souvent assurés de pouvoir agir en toute quiétude... vu que les électeurs, s'il n'ont pas la langue dans leur poche, y ont bien la main... et ne feront rien de ce qu'ils disent pour faire changer les choses... en attendant que quelqu'un d'autre le fasse à leur place !

Comme le disait Winston Churchill : *'Un homme politique considère la prochaine élection... alors qu'un homme d'état considère la prochaine génération !'*

De Nos Amours... Politiques et politiciennes...

Nos politiques et politiciens se rappellent à nous par effets de politique, tout comme nos prétendus amis, quand ils ont besoin de nous... ils ne savent pas s'engager au-delà de leurs amours furtives autant que volatiles... et s'attendent à ce que nous répondions présent dès que l'envie ou le besoin leur en prend...

Il n'est pas connu qu'il y ait de démon de midi, ou de minuit, en politique mais on pourrait aisément le croire... mais, avant tout, leurs appels n'intéressent qu'eux-mêmes... doit-on rappeler à celui ou celle qui s'engage sur la voie politique... qu'il ou elle s'engage aussi à le faire pour servir sa ville, sa région ou son pays... son peuple, ses électeurs... et que c'est un emploi à plein temps ? Et que cette union sacrée se doit d'être opérationnelle sur le terrain en tout lieu à toute heure... pour le meilleur et pour le pire... comme le veut l'expression consacrée... faute de quoi il ne sera retenu que le coup de canif dans le contrat...

Marine et sa nièce Marion le Pen sont régulièrement sur le terrain, n'omettant ni n'oubliant pas la France des oubliés... elles battent campagne sur le front et remontent quotidiennement au créneau... se frottent aux Français et écoutent leurs besoins s'arrêtant au passage, revenant le cas échéant... Marine Le Pen a récemment vu des milliers de personnes venues l'écouter dans un village qui totalise à peine plus de 300 âmes... quand les autres politiques des autres partis organisent de grandes messes à grand renfort de communication et à grands frais... qui sont loin de faire recette...

Mais, dès les débuts, ces politiques véreux pêchent par omission... les coups d'éclats et autres effets d'annonce ne font que l'effet d'un électrochoc scélérat autant qu'aléatoire... dont les cicatrices s'effacent vite avec le temps... les gens ont la mémoire de plus en plus courte... et c'est souvent le dernier qui a parlé qui a raison... sans compter qu'il est dans la nature humaine de ne retenir que les événements les plus récents...
Il serait à conseiller d'être dans son engagement jusqu'aux oreilles... d'écouter sans cesse et de répondre aux interrogations et injustices qui lèsent les électeurs et plombe l'électorat... qui s'absente de plus en plus des urnes à réaliser que leurs voix ne leur apporte rien qui vaille... la politique, comme l'amour, c'est donnant-donnant... sans retour, les yeux s'éloignent du cœur... les plus grands partis politiques français sont soit morts soit moribonds...
Tout ceci n'a eu pour résultat, pour conséquence, que de laisser le pays de France dans un état de déshérence totale... qui n'a abouti qu'à un cul-de-sac... où se déversent en avalanches le tout et le n'importe quoi dans un tonneau des Danaïdes... chacun y va de son mot dans l'urgence sans réfléchir sans regarder les tenants et les aboutissants ni en amont ni en aval... le pays est en déroute totale avec personne à sa tête sinon des traître à la nation... auxquels même les sympathisants ne croient plus... et qu'ils se donnent à cœur-joie de critiquer ou de quitter pour passer à l'opposition...

Il faudra longtemps et beaucoup d'efforts et d'investissements pour que la France retombe sur ses pieds tant elle a trop longtemps marché sur la tête ! La donne du contrat devra être intégralement révisée et réécrite... car les bases et les fondations

#attentat #étranger #frontnational #français #France #migrant #politique #gauche #république #syndicat

qui régissent notre état ne sont plus à l'ordre du jour et, à la lueur des événements des dernières décennies, ne sauraient plus en aucun répondre aux attentes des exigences du monde actuel…

La France se réveille tous les matins avec une gueule de bois toujours plus grande…

Jesse CRAIGNOU

Restaurons la France 1

La France prospère se réveillant et se relevant de l'après-guerre n'est plus la France depuis longtemps... usée, abusée et fatiguée des supplices qu'on lui a infligés et continue de lui infliger l'ont saccagée et ruinée au-delà de tout espoir de guérison et de restauration...

Dans le même temps... pour parachever la ruine les politiques et surtout à gauche (soucieux de s'enrichir tout en répandant leur venin et tissant leur trame opportuniste et népotique) ont œuvré à un travail de déculturation, de déconstruction et de paupérisation de la culture française... en faisant une culture que Marianne ne connaissait pas et ne reconnaît pas...

En enterrant la culture française, les responsables politiques et sociaux ont détruit là tout l'outil de la réflexion... condamnant la rhétorique et la rébellion... l'infâmant et la rendant illégale et anticonstitutionnelle... alors qu'elle est l'essence de la constitution française !

Les gouvernements successifs, et surtout depuis 1981 (François Mitterrand a lui seul ruiné la France des 30 glorieuses en un an et demi !), ont engagé la France de faux combats en faux débats... qui ont contourné et détourné les vrais problèmes et les faits à seul dessein de nous pourrir de l'intérieur... et pour mieux (ou devrais-je dire pire ?) faire ils ont enlisté et engager les médias dans leur maléfique emprise...

Indigné de tant de Résignation

En fin 2011 sortait le livre de Stéphane Hessel Indignez-vous... qui, à défaut d'être un grand succès littéraire, fut un grand succès de libraire... et tous les Français étaient indignés... on le sentait à les entendre le monde allait changer... ils allaient changer le monde... et puis les Français ont été le pire, de loin de leur président de la république... pire... un des pires du monde et de l'histoire du monde... un homme qui non content d'avoir ruiné sa région pendant des décennies a ruiné le pays... flanqué de son indéfectible compagne de campagne à laquelle il a donné une région prospère... qui lui a doublé... et quelle aussi a complètement ruinées... tous en donnant des leçons au peuple français... qui répond à la justice par l'injustice... dans uns pays qui déshabille les siens pour habiller les autres... mais pourquoi ? Car en fait ces autres ne veulent rien de plus que nous voler à leur tour...
Et puis le malheur et la mort se sont abattus sur la France... et les morts se sont empilés sous les yeux des Français dont l'indignation n'a fait qu'un rapide tour de manège... et puis s'en est allée... comme elle était venue...

La vérité est que tous ces gens-là n'ont jamais pensé qu'à eux-mêmes... qu'à leur petit confort égoïste et mesquin de rapineur... de voleur de grand chemin... de fraudeur invétéré... qui râle autant qu'il est prêt à sermonner... pourvu qu'on ne le dérange pas et qu'il puisse assurer ses bas instincts... tout ceux-là qui prétendent faire et donner... mais ne sont en fait de lions qu'oisillons tendant le bec à la pâtée pourvu qu'elle leur soit donnée et peu importe par qui... pourvu qu'elle arrive à l'heure... de beaux parleurs... et quand je dis beaux...
Ils s'indignent bien de temps en temps mais ne font rien... surtout rien... pour que cela change... parce que faire quelque chose c'est urgent ... pourvu que quelqu'un d'autre le fasse... à leur place... ils étaient là tous derrière leur écran... pas un ne manquait à l'appel... et aller changer le pays... le monde... mais très peu... trop peu sont descendus dans la rue... et trop peu de temps...

Plus qu'indigné je crie à la honte sur ces gens-là qui ne savent que prendre, amasser et empiler... sans vergogne... sans dignité... et tous ceux-là que j'ai aidé mais qui n'ont su que me faire les poches... jusqu'à la prochaine bonne âme... pas un, je vous dis, pas un pour racheter l'autre...
Un ami chrétien croyant et dévot toujours là toujours prêt à aider son prochain me disait récemment combien sa femme était déçue de voir que personne n'était jamais venu à leur rencontre quand eux traversaient des temps difficiles... ce qu'elle aurait trouvé juste retour des choses... et que ce fut moi, un total étranger, qui les ai aidés...

Qui ne dit mot consent... mais qui parle et ne fait rien consent... qui parle et ne fait rien collabore... et couche avec l'ennemi... et ce discours insupportablement gnangnan qu'on nous ingère, qu'on nous sert çà la louche, avec force médiatisation depuis des décennies du talent et de la beauté des gens sans talent ni beauté... parce qu'ils ont tout simplement rabaissé le talent et la beauté à la nullité... de trouver tout le monde beau et gentil... de tous s'appeler 'chéri' mais de ne pas s'aimer... ou tout le monde parle... crie même... mais personne n'écoute plus personne...
Et ce discours 'jeuniste' n'est que racoleur... la politique est devenu complètement pédophile... et que de trouver des qualités à tout le monde n'est en fait n'en trouver à personne... car celles-là ne sont pas de vraies qualités... mais les jeunes sont en fait ce que leurs parents en ont fait... et ils sont loin d'être ceux de ma génération... même si je

#attentat #étranger #frontnational #français #France #migrant #politique #gauche #république #syndicat

ne désespère pas... le jeune d'aujourd'hui traine la patte et tarde fort à répondre à l'appel... le futur ne semble pas avoir beaucoup d'avenir...

Bien peu de ceux qui liront ces lignes s'indigneront même de mes propos...pour se lever l'étendard sanglant élevé... et s'en aller battre campagne... comme je l'ai toujours fait... ce monde a perdu toute notion de beauté et d'harmonie...

Mes héros du quotidien sont ce Chinois qui devant une armée de tanks s'est planté devant eux et les a détournés puis arrêtés à mains nues... autant que les soldats dans ces tanks qui ont refusé l'ordre d'avancer et de l'écraser tel l'insecte qu'il était... ce pompier iranien qui au prix de sa vie est allé dans les flammes chercher une petite fille... et dont le corps à sa mort a fait l'objet de dont d'organes et a sauvé des vies... dont trois dans l'hôpital même où il a rendu son dernier souffle...

Réforme de l'Orthographe

Je ne signerai ni ne ferai tourner de postes ou de pétitions contre la réforme de l'orthographe !
En tant que linguiste, je la réclame depuis 40 ans !
Croyez-le ou pas mais j'ai appris une douzaine de langues et en pratique tous les jours au moins 3...
J'ai écrit près de 60 livres en plusieurs langues... dont le français !

Réformer, en simplifiant l'orthographe, n'est absolument pas un nivellement par le bas... bien au contraire... c'est plutôt du mandarinat que de la garder dans l'état...

La plupart -sinon toutes- les règles de l'orthographe que l'on fait avaler en français ne sont qu'une liste interminable d'aberrations... complètement fausses (la liste est trop longue pour en parler ici)... qui ne font que faire perdre précieux temps et argent... à tous ceux qui la subissent...
Il vaudrait amplement mieux réformer le français en arrêtant d'y employer à hue et à dia des anglicismes... qui n'en sont souvent pas... et que personne ne comprend jamais mais répète à tout bout de champ... et qui sont à peine arrivés en français... qu'ils sont déjà en voie de disparition...

Et quant au ridicule 'JE SUIS OIGNON', il fait très trou du cul !
D'ailleurs... quand je vois tout ce que je lis en français sur les réseaux sociaux... je ne suis que d'autant plus convaincu que la réforme de l'orthographe urge plus que jamais !
Le nivellement par le bas c'est celui de tous ceux qui ne savent pas écrire... et souvent lire !

Le pire dans cette réforme et celle de l'école est qu'elle est imposée par une des plus incultes personne du gouvernement... un gouvernement composé à demi d'étrangers... et donc qui ne sauraient vouloir défendre l'intérêt de la France ou des Français...
Un gouvernement qui appauvrit la culture et l'enseignement et continue de l'affaibli en y insérant l'enseignement de l'islam et de l'arabe... souvent dans des classes où les Arabes et les étrangers sont déjà majoritaires !
A-t-on vu en Arabie Saoudite, en Égypte, en Iraq, en Jordanie, en Lybie, au Soudan, en Syrie, au Tchad, en Turquie, au Yémen, un système qui enseigne aux enfants musulmans la chrétienté ou le judaïsme, le bouddhisme, le shintoïsme ou le rastafarisme ?
A-t-on imposé à ces mêmes enfants l'étude du latin, de l'hébreu, du sanskrit, de l'anglais, du japonais, du chinois ?
Leur a-t-on imposé l'étude de la Bible, de la Torah, de la Bagavad Gita et de tous les autres textes religieux de ses pays ?
Tout ce temps investi dans ce djihad est encore tout autant de temps arraché à la culture dont auraient avantageusement besoin tous les Français... et cette colonisation est chèrement payée par le denier du contribuable français... de ceux-là qui travaillent et non les parasites promulgateurs et autres promoteurs de ces hérésies !

Une Administration qui ne gère plus rien... pas même elle-même !

L'administration française dans toute sa grandeur a tout perdu de sa splendeur...

Elle a beau croître bien plus que la population hexagonale et s'automatiser, se déployer et prétendre se faire le chantre de l'assistance et de l'assistanat... elle n'est devenue que l'ombre d'elle-même !
Pire encore... plus elle est présente et plus elle est absente !

A grands renforts réitérés de développement et de recrutement, d'automatisation, elle est à présent souvent gérée par des employés étrangers, à l'étranger... à une heure où le sacrosaint credo de la sécurité de l'information et la sauvegarde de la vie privée n'a jamais été clamé aussi fort... employés qui sont totalement déconnectés de leurs clients malgré l'avènement du téléphone, de l'informatique et d'internet...
Kafka et son Château nous amusaient encore il y a quelques décennies mais ils sont omniprésents dans nos vies...

Tout le monde se perd dans ce marasme administratif qui nous harcèle perpétuellement pour obtenir des pièces originales et photocopies, en plusieurs exemplaires, pour ne finalement n'en utiliser qu'une, voire aucune... et se plaint constamment d'être surchargé de travail... ajoutons à cela tous les justificatifs et autres pièces et papiers auxquelles ils ont directement accès grâce au partages des fichiers entre administrations diverses et variées mais n'utilisent pas !!!
Pas moyen de les joindre... leurs numéros de téléphone sont surtaxés... et ils ne répondent que peu au téléphone... et encore moins aux courrier et emails (un injonction de François Hollande, scandaleux, honteux mépris de ceux qui les alimentent et paient leurs salaires pharaoniques !
Rappelons quand même que la réponse à une question posée est le minimum de la civilité et de la politesse... quand ils divulguent leurs adresses de contact... dont certains se font une spécialité de les garder plus secrètes que le Saint-Graal !

Des complications qui font le florès de fraudes de tous ceux-là qui ne font que profiter et abuser du système malade et pachydermique... que les administrés ignorent mais que les assistantes sociales s'empressent de mettre en branle pour les assistés étrangers qui, eux jouissent immédiatement et pleinement de tous les droits niés aux ayants-droits cotisants !

La réponse, quand enfin elle vient, intervient tout bonnement trop tard... certains sont même décédés dans l'intervalle...
Des délais de 4 semaines pour lire un courrier, de 8 à 11 semaines pour y répondre... sont tout simplement scandaleux !
Certaines réponses arrivent des mois, des années plus tard !
Comment être efficace dans ces conditions ? Comment ne pas être débordés... surtout quand il faut revenir sur la même question ou requête plusieurs fois de suite... au lieu de la traiter immédiatement ?

Restaurons la France - Verbatim de mes Pensées Anarchiques

Jesse CRAIGNOU

La Justice – Une injustice qui ne dit pas son Nom

Une injustice qui ne dit pas son NON !

La plus grosse injure... la plus grosse insulte que l'on puisse faire à un pays moderne et intelligent... c'est de bafouer sa justice... et la France a commis le crime et l'inceste ultime de nommer à a sa tête une menteuse et fraudeuse reconnue dont le mari et le fils sont des repris de justice...
Tous ceux... citoyens lambda, policiers et soldats... qui se sont élevés contre cette aberration en ont fait les frais... au péril de leur vie...
Je le répète... le gouvernement français de l'ère Hollande (déjà un nom mal prédestiné) est composé pour moitié d'étrangers ou de binationaux... qui n'ont jamais accordé leur allégeance à la France ni aux Français... parmi eux des repris de justice eux-mêmes ou dans le cercle familial intime... une députée va au parlement avec un bracelet électronique !
La plupart des actes meurtriers et de terrorisme en France a été commise par des individus... qui avaient été condamnés à répétition ou pour des peines légères ou lourdes... et qui auraient du être en prison ! Ils étaient soit libérés sur parole soit libérés trop tôt... quand ils n'étaient pas tout simplement en sursis !
Et les malheureux innocents qui sont pris en cas de légitimes défense... se voient attribuer de lourdes peines !

Pour la justice et pour tout les autres ministères il serait urgent de confier les postes aux professionnels... ce qui n'est jamais le cas... la France est gérée par des incompétents totaux ! A commencer par la présidence... accordée à un individu qui a ruiné sa ville, puis son département puis sa région... et continue ses méfaits avec la complicité de son ex-femme avec laquelle ils se partagent le territoire français à la louche !
Toute cette association de malfaiteurs cavale de consort en toute impunité...

Au sortir de ce marasme dans lequel Hollande et ses compères ont jeté la France depuis 40 ans... il conviendra de réviser le sort de chacun... d'organiser d'abord un Nuremberg français pour traduire en justice tous les politiques criminels et incompétents... et les contraindre aux peines qui leur incombent avec une assignation en remboursement de toutes les sommes et avantages indûment perçus... pour incompétence, emplois de complaisances et faux emplois... cumul et non éligibilité...
Il faudra également abroger et abolir le droit du sol... une aberration qui a rempli la France de parasites coûteux et improductifs... avec expulsion de toutes leurs familles et déchéance de tous les droits... idem pour tous les fichés S et criminels... assorti d'une interdiction du séjour sur tout le territoire...
Il faudra tout autant abolir toutes les associations coûteuses et traitres aux Français et à la France...
Ensuite, rapatrier et trier toutes les forces de l'ordre et les armées... au service de la France... avec de vrais Français en opération... et renvoi et expulsion de tous les traitres, fichés et autres contrevenant au bien-être national et du citoyen français... qui n'ont rien à faire au service du pays... les exemples des attentats de Bruxelles et les connivences entre communautaires dans les services publics démontrent qu'il faut sévir vite...

#attentat #étranger #frontnational #français #France #migrant #politique #gauche #république #syndicat

Restaurons la France - Verbatim de mes Pensées Anarchiques

Jesse CRAIGNOU

Il sera nécessaire de revenir sur tous les cas traités... reprendre tous les témoignages, toutes les vidéos, tous les films... souvent postés par les fauteurs de troubles sur les réseaux sociaux... et mettre tous les coupables faces à leurs crimes et délits et les juger comme tels avec une sévérité exemplaire...

Reconstruction de la France à la Française... et destruction de toutes les mosquées... avec promotion de la culture et du savoir-faire plurimillénaires français... nous n'avons que faire de tous ces fast-foods qui ne servent que de la merde polluée au pays du jambon-beurre et du lyonnais !
Les Français ne connaissent pas ou plus leur culture et traditions... il est plus que temps de les leur rendre...
Grand temps également de remettre l'industrie et la compétition au service de la nation et du consommateur... nos achats sont nos emplois... et tous les anciens des entreprises françaises licenciés à la fermeture de leur entreprise sont les premiers à consommer de l'étranger... réveillons-les !
Tout ceci ne serait que rendre justice au pays et aux citoyens... de même vidons les prisons des criminels et délinquants étrangers et faisons payer leur séjour aux prisonniers... au lieu de les payer à être en prison...

Comment un gouvernement français peut-il donner à la France un ministre de la Justice, une femme (Christiane TAUBIRA) guyanaise, qui a toute sa vie violemment combattu pour l'indépendance de la Guyane... et la croire loyale à la France qu'elle n'a fait que rejeter ?

Une France pour la France et pour les (vrais) Français !

Jesse CRAIGNOU

La France Et Le Mythe De Sisyphe

Une de mes amies allemandes me disait l'autre jour au téléphone qu'elle n'en pouvait plus... qu'elle partait... qu'elle quittait la France pour de bon... qu'elle n'avait plus rien à attendre de ce pays qui ne lui avait donné que ses trois enfants... qu'elle n'acceptait plus parce que métis... et elle craignait pour leur sécurité... et ne le supportait plus...

A quoi je lui répondais que, sans lui en avoir encore parlé, je me préparais aussi à quitter la France où j'étais venu poser mes valises avant elle... j'étais déçu de ce pays qui n'avait pas su profiter de mes qualités que je lui avais apportées sur un plateau... et qu'elle avait laissé pourrir... et cette politique n'était pas la mienne et creusait la tombe de la France... alors que mon amie, qui était pourtant de cette sensibilité politique, ne la comprenait pas... et la voyait également ruiner et les gens et le pays...

Ainsi, comme tant d'autres, qui ont fait le voyage avant nous, nous nous apprêtions à quitter ce pays que nous avions aimé au point de venir le rejoindre et nous y installer... pensant nous y fonder un avenir... pour y trouver que, telle dans une histoire d'amour au scenario voué à l'échec, chaque jour, chaque semaine, chaque mois, chaque année ne faisait place qu'à plus de déception et de rancœur... jusqu'à nous dégoûter de nous y reconnaître nous-mêmes...

La France, ce pays si beau, si prometteur et tant envié, voit son image craquer à la regarder vivre au jour le jour... les régisseurs du pays manquent depuis trop longtemps à l'appel du peuple français... et mon amie et moi n'avons rencontré que déception après déception dans nos échanges avec la France... qui ne nous a ni accueilli ni écouté quand nous avions, nous aussi, tant à lui donner... ce pays n'a su que tout nous prendre et nous faire très cher payer notre séjour... comme dit un autre de mes amis entrepreneur, '*La France est comme une vieille pute... elle ramasse tout ce qu'elle peut parce qu'elle n'a plus le choix !*' Il m'a littéralement prix l'idée de la tête... et combien il a raison... et d'autant plus que lui aussi, qui a pourtant participer à voir cette politique avenir dans le pays, pense quitter le pays tant il n'en peux plus de vivre le mythe de Sisyphe au quotidien... '*Chaque jour sur le métier remets ton ouvrage*'... et il faudrait y ajouter '*Paye, en plus, pour le travail que tu fais !*'

Nous nous ajoutons tous jour après jour à la longue liste des fuyants... et la liste s'allonge de jours en jour... tout le bien de la France l'a quitté pour n'y rien laisser qui vaille... avec l'argent les cerveaux et maintenant le main d'œuvre... il ne restera bientôt plus que ruines et parasites... sur un terrain miné...

Mon amie allemande était triste d'en arriver à ce constat... qu'elle vivait comme un échec personnel... quand je lui rappelai que la France ne se posait jamais la question du pourquoi ses meilleurs éléments la quittaient... et de ce qu'elle aurait à y gagner à les retenir et les encourager !

#attentat #étranger #frontnational #français #France #migrant #politique #gauche #république #syndicat

Une Chance pour la France

Le slogan lui-même est grotesque...

Si ces gens sont des chances pour la France... pourquoi ne le sont-ils pas pour leur pays ?
Ce slogan est une invention de la gauche... propulsée par les USA qui ne visent qu'à leur impérialisme mondial... et détruire tous les autres pays pour les voler...

On voudrait nous faire croire que des gens qui n'ont rien fait pour évoluer (quand ce n'est pas tout fait pour régresser) vont nous apporter quelque chose de positif... alors que la plupart ne vit qu'en parasite... et de toutes façons n'a aucune qualification ni savoir-faire à apporter pour contribuer à l'effort national... trop encore ne parle même pas français et n'ont aucune intention de l'apprendre... telle cette mère de famille turque en France depuis 25 ans qui n'a jamais appris un mot de français... et a eu 5 enfants (tous élevés et nourris au pis de la république)... qui annonce au moment où elle se voit offrir la nationalité française... qu'elle *'ne se sent pas prête'* ! De qui se moque-t-on ?
Nicolas Sarkozy le disait lui-même au début de son mandat stérile... comment peut-on comprendre que les descendants des Africains et Nord-Africains de la 4ième génération se promènent-ils en boubous et djellabas... qu'ils n'ont jamais connus...

Il n'y a donc aucune intégration possible !
La gauche a été l'arme de destruction comme toutes les dictatures de la culture... en faisant passer pour de la culture ce qui n'en est pas pendant qu'elle détruisait tout ce qui en est... l'enfant français a de moins en moins de matières et d'heures d'enseignement à une heure où la demande de connaissances et de qualifications devient de plus en plus importante... et l'emploi de plus en plus rares... tout ça remplacé par des grandes messes de rue... prônant le loisir et le temps libre...
Dans le même temps... la France, traditionnellement chrétienne, détruit ses églises et bâtit des mosquées !

L'équation folle de l'immigration !
Après la guerre, les (vrais) Français étaient 45 millions...
L'arrivée de 20 millions de musulmans en 50 ans a porté la population française (métropolitaine) à 65 millions... dont une grande quantité ne vit et/ou pompe copieusement qu'en parasite...
Moralité :
La France a toujours 45 millions de Français... qui travaillent, s'assument et paient... pour les autres !
Nous faire miroiter que les étrangers allaient accroître la natalité française et payer nos retraites est un leurre... ce sont nos retraites qui paie pour leurs familles !
En économie, cela s'appelle une *'opération... blanche'* !

Les Africains, et les Arabes, n'ont jamais rien fait pour l'Afrique !
C'est bien l'homme blanc qui a tout fait pour eux... ils n'ont d'ailleurs rien fait pour l'Afrique ni de l'Afrique depuis le départ de l'homme blanc non plus... et c'est ce qu'ils veulent nous voler maintenant... en prétendant que nous le leur devons... que nous les aurions volés !

Restaurons la France - Verbatim de mes Pensées Anarchiques

Jesse CRAIGNOU

La France ne cesse pour toutes les anciennes colonies françaises en Afrique ne cessent de payer pour les Africains sous toutes les formes possibles... alors que nous ne leur devons rien... et qu'ils ont largement de quoi vivre richement de leurs produits !
C'est plutôt elles qui nous doivent tout ! Avant l'arrivée de l'homme blanc, l'Afrique était encore à l'Age de Pierre ! Et d'ailleurs... elle ne semblait pas s'en plaindre...
Et l'Africain d'aujourd'hui n'a toujours rien fait depuis le départ de l'homme blanc ! Et tout ce que l 'homme blanc a créé et fait en Afrique a été détruit par les Africains...
La Grande-Bretagne les a affranchis... et ne leur paie rien...

La Grande-Bretagne a passé des accords pour former toutes les têtes des services administratifs de ces anciennes colonies... pour affranchir ses anciennes colonies... et ne leur donnant rien que la formation aux corps de gestion de ces pays... les émancipant ainsi par la formation et leur offrant la possibilité de s'autogérer... et les Africains de ces anciennes colonies... ne leur réclament rien... même s'ils continuent de payer ce que les Britanniques leur ont laissé...

Il faut arrêter de payer pour l'Afrique... qui, depuis un siècle que nous payons pour eux, n'a pas avancé d'un iota !
Idem pour les départements telle Mayotte... qui ne seront qu'un gouffre à la charge du contribuable français... une plaie ouverte et suppurante... autant qu'une bombe à retardement !!!

Aucune population, même en vieillissement, n'a jamais justifié un remplacement... et l'apport étranger n'a jamais été la solution....
L'étranger que nous recevons est analphabète et non-francophone, sans qualifications... et ne fait aucun effort pour s'intégrer... il reste à la charge de la société à laquelle il devait participer... mais aucune ne l'a jamais fait !
La population continue de vieillir et le déclin de la civilisation accélère... il n'y a là aucun remplacement... et aucun progrès !

A qui fera-t-on sérieusement croire qu'une déferlante des dizaines de milliers de migrants barbares... qui détruisent, salissent volent, violent et tuent sur leur passage puisse être une chance pour le pays ? Pour l'Europe ? Pour le monde ?

L'Europe fait aujourd'hui fait face à une déferlante de 'migrants'... qui prétendent demander leur droit au sol... et s'imposer encore plus en nos imposant leurs coutumes et nous débarrassant des nôtres !
Ils arrivent en masse, par groupes de jeunes hommes, seuls, sans famille, dans les bateaux où les chrétiens sont mystérieusement tués ou jetés à la mer... ils ont toute l'attitude de soldats prêts au combat... ils sont vêtus à la dernière mode, arborant smartphones et réclamant le Wifi... avec des exigences régaliennes...

Ces 'migrants' ont payé entre 9 000 et 15 000 euros leur passage... ce qui leur assurerait une fortune dans leur pays... les prémunissant des affres du besoin... un voyage qui se ferait souvent pour une centaine d'euros en avion... et le fait qu'ils soient sans compagnies affiche clairement qu'ils ne sont pas réfugiés de guerre...
Alors que les vrais réfugiés fuyant la misère ou la guerre ont généralement une attitude contrite, ceux-ci se montrent extrêmement agressifs...

#attentat #étranger #frontnational #français #France #migrant #politique #gauche #république #syndicat

Le Socialisme aux Dents Longues...

Margaret Thatcher a dit que *le socialisme ne durait qu'aussi longtemps que l'argent des autres...* et pour ce qui est l'argent, elle connaissait très bien le sujet... en tant que selfmade woman mariée de longue date à un selfmade man...
Le socialisme voudrait nous faire croire à l'égalité de tous plutôt que l'équité... pourvu que celle égalité les place au-dessus des autres... et fasse passer leurs intérêts en premier... tous ceux qui s'y sont essayé vous diront que cela ne fonctionne pas... ainsi... les socialiste ont toujours la main dans la poche des autres... et dans le portefeuilles des autres...

Pour s'assurer un maximum de socialicité les socialistes ratissent large... allant jusqu'à enlister les volontaires de tous bords... et de préférence ceux-là dont ils achètent les voix à prix fort... toujours avec l'argent des autres bien sûr... maffieux également en affaires, les socialistes ne créent pas de sociétés... ils se constituent en associations qui leur permettront de pomper et d'aspirer au maximum l'argent de l'état et des autres à des fins qui voudraient être humaines ou humanitaires... mais, là encore, ne font affluer les grandes rivières que dans le lit de leurs comptes en banques... souvent à l'étranger... en évasion fiscale... le socialiste aime l'étranger, l'étrangère à toutes les sauces et va très jusqu'à le préfère à ses concitoyens... vivre en Socialie équivaut à vivre à l'étranger... sans bouger de chez vous... on vous convoie l'étranger jusqu'à votre pas de porte... et de là à lui donner tout ce pour quoi vous avez durement travaillé... il n'y a qu'un pas...

À l'étranger ou pas le socialisme recrute dans l'artiste... l'art a toujours été l'enfant chéri du socialisme et du communisme... de la gauche en général... la gauche ayant toujours été la mère des pires dictatures (URSS, Allemagne nazie, Chine, Corée du Nord, Cuba, Italie mussolinienne, Vietnam, et toutes autres républiques bananières du monde...) elle a très tôt compris qu'on ne tient jamais aussi bien le peuple que par le divertissement ou pseudo-divertissement... et s'époumone à tonitruer dans la vantardise de l'art à tout vent... souvent de piètres ramassis amassés sans valeur ni art par des copains sympathisants... mais il faut bien s'assurer une masse critique de collaborateurs... pour faire masse justement...
Et ils sont allés très loin dans leur quête... jusqu'à nous dire '*Touche pas à mon pote !*'... '*Moi y'en à faire qu'à être black*'... assortis de festivals *Africolor* ou *Nuit Câline*...

Ils sont toujours les premiers sur les rangs quand il s'agit de donner des leçons... les socialistes vous demandent de donner aux autres... et condamnent votre enrichissement personnel... pourvu que les autres ce soit eux ! Car ils sont les premiers à s'en mettre plein les poches en vous faisant culpabiliser...
'*Le changement c'est maintenant !*' scandaient-ils tous en chœur pendant la course à l'élection présidentielle... François Hollande avait recruté Ségolène, jamais à court de se montrer... et leur fils Thomas, disparu mais pas regretté depuis... et dès son élection il a annoncer un gouvernement de 39 ministres... le double des Etats-Unis qui a 6 fois la population de la France ! Il s'en est presque excusé en annonçant dans le même souffle qu'il leur avait imposé un grosse baisse de salaire... argument faux... et décision qui n'est pas en son pouvoir...

Restaurons la France - Verbatim de mes Pensées Anarchiques

Jesse CRAIGNOU

Ils nous ont infiltré des hôtes colorés sur toutes les chaines et dans tous les médias par tous les pores... contre vents et marées... l'arrivée d'un coloré au 20 heures a soulevé un débat qui a duré des mois... les autres relégués sur les chaines moindres et latérales n'ont pas encore crevé l'écran... d'autant plus que le téléspectateur français se désintéresse de plus en plus du petit écran... plus d'un quart ne le regarde plus... et quant aux médias les journaux sont pratiquement tous en faillite...

Signe des Temps après la chute retentissante du mur de Berlin... la mort du communisme et l'effondrement du socialisme ?

Gauche d'en haut... Gauche d'en bas...

La gauche d'en bas, la 'vraie' gauche trimant, travaillant, suant sang et eau de la révolution industrielle, luttant pour de meilleurs conditions de travail, des salaires respectables leur permettant de vivre, et un minimum (pas un maximum !) de vacances, ...
la gauche qui s'échine à l'effort national... a porté haut très haut trop haut la gauche d'en haut... qui a porté l'entraide et la solidarité au népotisme et à la dictature... qui prend tous les postes avec les meilleurs fonctions (sinécures) avec les plus gros salaires et avantages, et qui fraude autant à tour de bras qu'à bras raccourcis...

Cette gauche d'en haut qui exploite le patronat au travers de lois qui tuent l'emploi et promeuvent l'assistanat... cette gauche prétend lutter pour les masses ouvrières et le social mais est, dans les faits, totalement antisociale et asociale... cette gauche qui a vendu l'être pour l'avoir et ne connaît des affaires que le commerce... en étouffant son industrie...
Cette même gauche d'en haut racoleuse sous tous rapports qui tue l'entreprise avec la balance et sectionne l'arrivée d'air du lucre en montant des associations, plutôt que des sociétés, pompant au travers des subventions colossales des salaires de 'dirigeants' qui ne dirigent rien... et pour lesquelles elle n'a ni compétence ni talent... sinon celui de l'arrogance et de l'association de malfaiteurs visant à la prise illégale d'intérêts... les rares fois où la gauche d'en haut monte une société c'est en offshore et dans un paradis fiscal à fort taux de rendement et non imposable... ou en SCPI...
Cette gauche d'en haut qui a mis l'individu avant les masses de la gauche d'en bas par purs arrogance et égoïsme... cette gauche individualiste...

La gauche d'en haut reste incroyablement et imperturbablement rutilante et autant exemplaire qu'indéboulonnable aux yeux de la gauche d'en bas... qui n'a jamais démasqué la chenille prometteuse pour être le papillon vorace et nécrophage qu'elle est devenue... cette gauche vampire et vampirisante ne leur a pas encore montré son visage... et ce n'est pourtant pas faute de l'exposer... mais, là encore, elle a su forger une alliance incestueuse et maléfique avec la presse, les médias et l'édition ralliant ainsi tout le terrain de la communication à action malsaine... funeste... elle a su par là faire assez envie à la gauche d'en bas qui rêve de faire partie un jour du cercle très fermé de la gauche d'en haut...

La Course aux Djeunes...

La gauche libidineuse et pédophile n'a cessé de faire la court et la course aux jeunes... le docteur es Geek de la Jeunesse Jack Lang s'est porté aux nues de la maitrise de cérémonie... créant au passage 'Jack' tout Gainsbourg (un autre ogre de jeunes) avait créé à la même époque Gainsbarre... au point où Ségolène Royal, en 2007, avait axé toute sa campagne électorale à l'adresse des jeunes allant jusqu'à rallier son fils Thomas Hollande... et sous-titré sa campagne et son site Désirs D'Avenirs... sans compter qu'elle a changé de slogan tant de fois que beaucoup de savaient plus de quoi elle parlait ni ce qu'elle voulait dire... pire encore, elle changea la traditionnelle couleur rouge rose du Parti Socialiste en bleu (couleur de la droite) avec pour résultat de jeter tout le monde dans une confusion totale... une campagne désastre et désastreuse qui ne finit qu'en un pénible naufrage politique... la même Ségolène Royal qui fait partie du cortège qui en cesse de promettre et de promouvoir l'invasion islamique barbare et rétrograde...

Ségolène Royal leur offrait un pont d'or... pourvu qu'ils votent pour elle... tous ces gens mal intentionnés devraient pourtant être bien renseignés puisqu'ils emploient des escadrons entiers d'assistants et de spécialistes pour les aider et le guider... mais non, ils n'ont toujours pas compris que le jeune ni le Djeune ne vote pas... ou si peu... et beaucoup votent à droite... si tant est qu'ils sont facilement malléables et manipulables... et ont le cœur près de la bouche voulant un monde de bonheur, de bonté et de bonté autant que d'égalité... les jeunes traditionnellement votent comme leurs parents... et les parents souvent pour le bien de leurs jeunes...
Mais là où la sauce ne prend plus depuis longtemps est que les jeunes d'aujourd'hui sont tellement pourris gâtés qu'ils n'ont besoin de rien... et la gauche qui leur a tellement bien appris à aller faire la teuf le weekend... a omis de se souvenir que les dimanches, y compris ceux des jours de vote, le djeune reste au lit pour se remettre de la teuf de la veille... ou pour fumer un joint... ou encore jouer sur sa console... toutes des idées promues par... la gauche !

Est bien pris qui croyait prendre ! Cette leçon vaut bien un fromage monsieur Hollande...

Aujourd'hui, et depuis quelques années, en France... il est quasiment impossible de se soigner...
Que vous alliez consulter votre généraliste... si vous avez la chance qu'un ait bien voulu accepter de vous prendre... dans les grandes villes ou d'en avoir trouvé un dans le désert médical des campagnes françaises... désert d'autant plus désertifié que Nicolas Sarkozy en a débarrassé de ses hôpitaux...
Même son de cloche chez les généralistes... qu'un loi visait à restreindre dans les années 90... le patient devra subir encore un longue et pénible attente dans la salle adjacente au cabinet médical... après souvent des mois d'attente pour avoir eu le rendez-vous et voir le médecin vous recevoir avec des heures de retard !
J'ai travaillé 30 ans sur l'un rayon de 50 kilomètres de diamètres et plus en n'utilisant que les transports en commun et uniquement sur rendez-vous... je n'ai jamais été en retard ni fait attendre un client ! Et j'en ai eu des milliers... cumulant jusqu'à 55 heures de travail hebdomadaires et des fois plus encore en transport !

Restaurons la France - Verbatim de mes Pensées Anarchiques

Jesse CRAIGNOU

L'exactement est peut-être la politesse des rois... elle n'est pas celle des médecins... et au chapitre de la politesse je n'ai jamais encore vu un médecin s'excuser de son retard...

Les praticiens de la science d'Hippocrate savent pourtant que leurs entretiens ne durent que 15 minutes... et donc 4 à l'heure... c'est pourtant pas difficile à compter quand on a fait, au minimum, 7 à 8 années d'études supérieures voire plus ! Et aucun ne sait gérer ses rendez-vous...

Pire encore quand ils vous reçoivent enfin... ils sont stressés et vous expédient sans trop vous écouter... loin de nous donner le traitement qu'un patient mérite... une insulte au malade... interrogés à ce sujet, ils vous répète l'insultante litanie du manque de temps que tout le monde professe en gage de mauvaise gestion du temps et incompétence...

Bien sûr ils n'ont plus le temps de nous écouter... et quand ils prétendent le faire ce n'est que d'une oreille distraite... aussitôt entendu (si tant est qu'ils nous ont entendus) aussitôt oublié... les médecins n'ont plus le temps de nous écouter... et plus aucun aujourd'hui ne nous demande notre historique familiale comme il se pratiquait encore naguère...

Le nombre de patients qui se plaint du corps médical augmentent de jour en jour... ajoutons à tout cela qu'aujourd'hui beaucoup de patients étrangers arrivent en masse se faire soigner gratuitement en France sous couvert de CMU ou d'indigence... et il est facile de calculer le temps qu'il nous reste...

Les diagnostics approximatifs augmentent et les erreurs s'accumulent... je recommence plutôt 2 fois qu'une à tout patient de bien se faire expliquer les choses... et de contester les décisions de leur médecins et de consulter d'autres médecins...

#attentat #étranger #frontnational #français #France #migrant #politique #gauche #république #syndicat

Fatou DIOME

Fatou Diome annonce sur le plateau de *C'est Ce soir Ou Jamais*, rediffusée le 27 avril 2015, que les Français peuvent dégager d'Europe parce que les Africains ont l'intention d'y rester... l'intention du remplacement est aussi claire que son énoncé... idem pour Alain Mabankou... entre autres...

Mais qui l'a jamais invitée ? Qui lui a demandé de venir ? Qui a besoin d'elle ? Cette personne qui prétend avoir des droits... mais n'aurait aucun devoir...

L'insulte est suprême... surtout venant d'une Sénégalaise... quand on sait que les Africains n'ont jamais su faire fructifier les atouts et produits de leurs pays... trop occupés qu'ils sont à guerroyer et profiter des autres... qu'ils se sont laissés vendre comme esclaves par les Arabes pendant des siècles... et laissé leur territoire à l'exploitation de l'homme blanc et maintient des Chinois... tout en se plaignant qu'on leur pique tout... alors qu'ils ne savent que vivre à nos crochets... à nos frais !

Car enfin... de quoi vit Fatou Diome depuis son arrivée en France en 1994 ?
Sûrement des trois ouvrages qu'elle a pondus... et qui n'ont laissé aucune trace dans l'histoire de la littérature d'aucun pays... des quelques heures de cours dispensées dans une école allemande jadis ?
D'où tire-t-elle les moyens de subsister depuis les 21 dernières années ?

Tous ces gens qui ont l'arrogance de nous faire croire qu'ils ont des droits... et aucun devoir... laisseraient bientôt la France, et l'Europe, dans l'état de champ de ruines dans lequel ils sont laissé leur pays... les mêmes qui se croient une chance pour le pays... et qui s'arrogent le droit de venir prendre ce qu'ils veulent et nous imposer leur barbarie... qui nous disent qu'ils sont l'avenir de nos pays...

Une seule réponse à toutes ces aberrations de bas étages... rentrez chez vous et occupez-vous de votre pays puisque vous êtes si capables !

Fatou Diome est parfaitement représentative de l'Africaine... qui est incapable de se battre pour son pays et pour ses droits... mais a d'énormes revendications chez les autres et aux frais des autres... assorties de son agressivité et de la violence de son attitude et de ses propos... aucun d'entre eux n'a jamais su faire fructifier les richesses de leur continent... mêmes après le passage de l'homme blanc qui leur a fait découvrir... ils sont retournés à leur état de guerroyeurs de petite frappe... des siècles en arrière...

On voudrait nous faire croire que ces gens seraient une chance pour la France... mais si nous avons notre lot de joueurs de football... nous attendons encore les Marie Curie et George Charpak venant du sud de la Méditerranée... et ce n'est pas faute de payer pour leurs études... avec logements et allocations à la clé... dès qu'ils ont un semblant d'ascendant sur leurs semblables, ils l'utilisent pour en abuser...
Si de tels individus étaient une telle chance pour la France... pourquoi ne sont-ils pas pour leurs pays ?

#attentat #étranger #frontnational #français #France #migrant #politique #gauche #république #syndicat

La France n'a nullement besoin d'immigrés... l'Europe non plus... il n'y a ni travail, ni logement, ni argent... surtout pour des gens qui ne savent rien faire... ne veulent ni apprendre ni s'intégrer... mais s'imposer et nous imposer leurs mode de vie barbare ! Ils n'ont aucun droit... ils sont illégaux... nul n'est allé les chercher et nul ne les a invités... dans une France qui peine avec sa crise du logement, son endettement phénoménal, ses SDF et son taux de chômage record !
De plus, ils sont assez riches pour ne pas être en besoin d'une meilleure vie... et ne sont pas en famille pour être des demandeurs d'asile !

Il difficile aujourd'hui de nier l'évidence ces individus la plupart du temps barbares... ne font rien d'autre que se voler et s'entretuer dans leur pays d'origine...

Repentance

L'hypocrisie de la repentance... pure comédie !
Les coupables des faits qui ont eu lieu il y a des siècles... ne seront jamais rendus responsables de leurs actes... ni mis devant les faits et jugés pour tels !

Rien ne sera rendu de toutes façons... pour tragiques qu'aient été les événements, nul ni personne ne pourra rien y changer... on ne revient pas en arrière... et on ne ramène pas les morts... ni leur descendance potentielle...
Il vaudrait mieux punir les coupables des crimes et délits actuels... que s'étourdir de cette bonimenterie ! D'ailleurs, tous les coupables des horreurs de 39 – 45, du Viet Nam et Cambodge ont-ils demandé pardon ? Pinochet et tous les criminels de guerre se sont-ils jamais repentis ? Ont-ils été jugés ?
Les Américains d'aujourd'hui ont-ils demandé pardon aux plus de cent millions d'Indiens estimés tués dans leur conquête de l'Amérique ? Alors qu'ils continuent même leurs méfaits ailleurs dans le monde (Moyen-Orient, Viet Nam et Amériques Centrale et du Sud)...
Il ne s'agit là que de démagogie politique... souvent utilisée pour faire passer d'autres événements ou mesures en douce... par derrière...
Cette repentance-là n'est qu'un énorme business économique et politique... d'ailleurs, elle n'implique pas les intéressés d'aucune des parties...

La repentance convole avec l'angélisme... elle n'ont pas plus de réalité dans les faits ni sur le terrain l'une que l'autre... et ne mènent, l'une comme l'autre, qu'à les destruction... des illusions maléfiques... rien de plus...

Immigration en France – Plusieurs Poids, Plusieurs Mesures

Les notions de l'immigration en France répondent à plusieurs critères... qui sont bien cachés au grand public...

En effet, peu de Français sauront que l'immigration et les permis de séjour et la naturalisation qui s'ensuivent répondent à plusieurs conditions... réparties selon les origines des immigrants... de manières bien distinctes...

Il y a ceux et celles qui
- sont toujours naturalisés... quelles que soient leurs conditions... représentés par toutes les populations musulmanes, africaines musulmanes et non-musulmanes et tamoules... qui travaillent rarement et connaissent bien toutes les ficelles de l'assistanat...
- ne sont jamais ou rarement naturalisés... notamment la plupart des sud-américains... qui pourtant travaillent tous 'au black' et paient leurs impôts... souvent jusqu'à 20 ans avant d'être naturalisés... l'état prend leur argent et les connaît donc... mais les ignore et leur nie leurs droits et ses devoirs...

Une personne que je connais... Camerounaise (catholique)... venue en France travailler avec un permis de travail... s'assumant totalement financièrement... s'est vu refuser son renouvellement de permis de séjour... alors qu'elle venait de commencer son nouvel emploi...
Un autre... Malgache (protestant)... papiers en règle et travaillant... indépendant et assumant son mode vie... attend depuis plus de 10 ans le permis de séjour de sa femme restée à Madagascar avec leur enfant...
Une autre amie... réfugiée Arméno-Iranienne... m'a dit que son avocat lui avait dit... que la France finit toujours par naturaliser les gens qui restaient longtemps... d'où l'intérêt de faire courir le dossier et le renvoyer d'appel en appels... mais ça c'est pour les plus riches...

La France porte très haut son slogan de '*Liberté Égalité Fraternité*'... mais il semble qu'elle ne les mesure pas toujours au même étalon pour tous ses prétendants...

Migration

Dans le flux migratoire, les Africains sont-ils conscients qu'ils ne sont qu'un énorme pion joué par le monde arabe et les musulmans ?

Après les avoir vendus comme esclaves, les Arabes les ont islamisés de force... et instrumentalisés dans le combat pour les terres européennes et africaines...
Ils ne servent, au mieux, que de chair à canon ou de tampon... en première ligne dans un combat qu'ils perdront des deux côtés... comme les tirailleurs sénégalais... ou les harkis...

Les Arabes n'ont aucune intention de leur donner quoi que ce soit... et les Européens sensés non plus...

ETRANGERS

On n'est pas franco-quelque chose quand on vit en France comme au bled ! Et surtout pas si on impose ses coutumes et sa barbarie...
On est tout simplement... et on est resté... un quelque chose... un étranger !

La nationalité française se mérite... et se pratique !

Remigration

Je propose que l'on saisisse tous les biens des passeurs et des migrants... et que cet argent soit utilisé pour rembourser tous les frais et les dégâts occasionnés par les migrants qu'ils ont amenés... et payer leur retour... quand les avions de leurs pays d'origine soient réquisitionnés de force pour à les renvoyer chez eux...

Il est urgent de remigrer tous les migrants... et tous les nouveaux Européens qui n'ont jamais travaillé (ils sont légions... qui vivent de l'assistanat et de la CAF)...
Qui plus est... depuis 40 ans la croissance du chômage européen est en hausse constante ! Ce qui prouve que nous n'avons pas de quoi les accueillir ni de travail à leur donner pour subvenir à leur train de vie... ni aux nôtres !
Que chaque pays retrouve sa souveraineté et la supériorité de ses citoyens en repoussant et rejetant le droit du sol... invasif et dangereux ! !

Quand aux musulmans, *le Coran leur impose de rentrer vivre en terre d'islam... et leur interdit de mettre le pied là où le cochon a marché !*
Tout est dit.
Combien de fois faudra-t-il le répéter... avant de s'acquitter de cette logique ? C'est d'ailleurs eux qui l'imposent... à eux-mêmes !

Administration française

Si jamais l'administration française a été faite pour servir le citoyen il n'en est évidemment absolument rien !

L'administration française a bien été faite pour servir l'état... au détriment du citoyen français... pire, elle tond et retond toujours plus ras le Français à chaque passage de son laminoir... et est toute faite pour le décourager au point qu'il laisse tomber et y laisse et chemise et pantalon...

Qu'on passe à l'Assurance Maladie, comme à la Caisse d'Allocations Familiales, ou encore au Trésor Public ou au Pôle Emploi, à l'Urssaf ou bien à la Caisse de Retraite... à commencer par le Sénat et l'Assemblée Nationale ou le parlement qui sont les premiers nids de coucous du pays !

C'est bien connu... en France, le plus gros voleur c'est l'État !

Dès qu'on écoute ou qu'on entend l'administration française... on ne l'entend que dire combien elle manque de budget... et combien elle est débordée... et c'est vrai à plus d'un titre...

Mais que dire d'une administration qui vous fait crouler sous les nombreux impertinents courriers dont elle nous assomme ?

En tant que diabétique je reçois de l'**Assurance Maladie** un courrier me parlant d'un suivi et assistance pour les diabétiques me demandant si je suis intéressé et, dans l'affirmative, de remplir un formulaire et on donnera suite... et m'envoie 2 semaines plus tard une documentation avec une carte... totalement inutile... et encore 2 mois plus tard une autre documentation et bulletin d'information... puis plus rien du tout...

Une communication qui n'est que du vent...

L'Assurance Maladie qui est capable de demander aux aveugles de naissance s'ils sont toujours handicapés... et de justifier de leur handicap régulièrement ! Kafka sort de ce corps !

Toujours l'Assurance Maladie à laquelle il faut 4 ans (et moult courriers !) pour enfin comprendre que j'ai déménagé... 4 autres années pour comprendre que je suis marié... et encore 4 années pour comprendre que je suis divorcé... et 8 années pour comprendre que mon numéro d'assuré social et mon nom représentent la seule même et unique personne !

L'Assurance Maladie n'aurait pas volé son entrée dans le Livres des Records... à plusieurs titre tous les ans !

Ce genre d'information tiendrait avantageusement sur la Carte Vitale... qui ne sert strictement à rien, comme le baccalauréat, sauf qu'elle vous pénalise si vous ne l'avez pas ! Mais aucun ministre de la Santé n'a été foutu de comprendre cela depuis qu'elle existe !

On met aujourd'hui des tonnes de documents sur une clé USB 10 fois plus petite que la Carte Vitale... il aurait suffi de m'envoyer un courrier (mieux un email !) pour m'informer qu'en tant que diabétique j'avais accès au service de cette carte ! Economisant par là des milliers d'heures à cette administration et des millions d'euros en enveloppes timbres papiers et salaires !

La même Assurance Maladie... qui ne cesse de nous redemander encore et encore les mêmes documents... alors qu'elle sait très bien ce qu'elle perçoit de chaque cotisant puisqu'il est déjà dans ses fichiers !

La **Caisse d'Allocations Familiales** ne sait gérer qu'une seule chose... l'étrangère non francophone qui pond mioche sur mioche et son (ses) conjoint(s) (quand il y en a)... et vivra toute sa vie au sein du contribuable français que la CAF néglige et incommode au maximum...
la CAF voue une sacrosainte haine au Français de souche qui travaille et cotise...
La CAF, en accord avec tout le reste de l'administration française, vous assène coup sur coup de demandes de papiers encore et encore... pour la même chose ! Là encore des documents dont elle n'aurait pas besoin... si elle faisait son travail administratif... en relation avec les autres administrations...

Cette administration croule sous son propre poids... elle ne sait plus du tout où elle en est ni d'où elle vient ni où elle va... d'où la fraude massive... qu'elle est généralement la première à cacher !

Voilà que, prise d'un nouveau prurit ou bien tombée entre les mains maléfiques d'un nouveau ministre totalement incompétent (aucun n'a de compétence de toutes façons dans les ministères), l'administration française décide de 'dématérialiser' ses services et relations avec les utilisateurs... sans se soucier de tous ceux qui n'ont pas d'ordinateur (et la plupart ne sait pas s'en servir), ni des indigents et dépendants, personnes âgées et handicapées... ou tout bonnement de ceux qui veulent pas... ni du fait que leur système informatique est totalement à côté de la plaque et ne fonctionne pas I moitié du temps au moins... quand leur personnel est capable de l'utiliser !
Il est courant de se rendre dans une administration et de trouver que le personnel ne connaît même pas son interface informatique... mais ces gens prétendent nous l'imposer !

Le **Pôle Emploi** est une autre perle fine de l'administration française... non content de récolter les fonds des employeurs et salariés cotisants et chefs d'entreprises qui cotisent au travers de l'URSSAF mais n'y peuvent prétendre...), le Pôle Emploi, en cas de chômage, demande et redemande et reredemande aux ayant-droits les mêmes document en permanence... et multiplie les courriers... 3 courriers pratiquement à chaque fois pour chaque démarche... et vous demande de surcroît d'avoir un espace personnel en ligne pour vos échanges... espace personnel qui ne sert à rien... personne n'y va en général... pas même le Pôle Emploi... qui continue de vous envoyer courrier sur courrier... et souvent courrier sans rapport avec votre requête ni situation personnelle ou professionnelle...

Le Trésor Public est la plus fine lame de l'administration française... le contribuable doit s'y soumettre inconditionnellement... et est souvent harcelé par deux centre de Trésor Public... qui ne communique pas entre eux... encore un qui vous harcèle de courriers impertinents... sans lire ceux des contribuables ni y répondre...
Le Trésor Public pendant qu'il vous ponctionne sur votre compte en banque est tout à fait capable de vous harceler pour non-paiement de vos impôts... parfois même sur un compte bancaire ou à une adresse qui n'existe pas ou plus... et dont il a été informé par maints réseaux à maintes reprises...
Le **Trésor Public**, comme les autres administrations, est capable de faire payer les morts, les citoyens non soumis ou n'existant pas ! Et dont les agents ponctionnent largement dans le tiroir caisse... s'accordent rallonges, bonus, primes à l'envi... et j'en passe !

La crème de la crème est bien l'**URSSAF** qui vermine l'entreprise jusqu'à la moelle lui faisant payer, sous couvert d'entreprendre, chômage, maladie, retraite, allocations familiales... auxquels l'employeur n'a pas droit... et l'oblige même à cotiser parallèlement à des caisses privées... et prélève sont denier avant que l'entreprise n'ai encaissé le moindre sou... équivalent à faire payer l'entrepreneur pour travailler ce qui est illégal en France et pourtant vrai... responsable de la faillite de la plupart des entreprises...

La cerise sur le gâteau revient incontestablement à la **Caisse de Retraite**... qui amasse à la manière de l'ogre les cotisations des travailleurs français et à l'heure de leur retraite leur demande de faire un relevé de carrière et de cotisation alors qu'il lui revient de le faire et qu'elle a eu plus de 40 ans pour se faire... une honte !
Comment s'étonner que leurs locaux soient en permanence envahi de foules de plaignants ? De gens qui requièrent l'emploi de plusieurs personnes dans chaque centre rien qu'à l'accueil ?

L'administration française, si impécunieuse et débordée soit-elle, ne fait que de brasser de l'air... alors qu'elle devrait tout simplement faire son travail... et ne pas embaucher du personnel à faire un travail aussi débile qu'inutile...
Une administration française qui n'a jamais pris en compte ses adhérents ni le service qu'elle est sensée honorer ni son propre travail... un travail qui, s'il était fait par une entreprise privée de cette manière aurait fait faillite dans la semaine !

Je propose là encore qu'on laisse tomber tout le fonctionnariat et assimilés... et ne paie les gens qu'à la tâche... les autres n'auront qu'à se mettre à pied d'œuvre ! Si le privé peut le faire... le public devrait pouvoir être à la hauteur... faute de quoi il faudrait soit s'en passer... soit passer à autre chose !

Tout cela serait tellement simple et logique si seulement l'état français se décidait une fois pour toutes à rassembler tous les renseignements de chacun de ses citoyens et résidents sur un tableur Excel format A4 qui rassemblerait et croiserait toutes ses données à la source... le citoyen soumis à cette aberrante administration aujourd'hui doit faire le travail et la vérification du travail de l'administration... en plus de fournir les documents que son employeur ou organisation a déjà fournis... et souvent plus d'une fois !
La révolution informatique et la dématérialisation qui s'ensuivit de l'administration française a été le Fiat Lux de la mise à mort de son efficacité... l'administration française croit ne plus savoir travailler que par écran interposé... et ne soit et n'entend que ce qui est sur ses écrans... la plupart du temps mal renseignés par des opérateurs incompétents ou, tout simplement, négligents ou paresseux ! Ce qui ramène cette dématérialisation à remplir ses salles d'attentes... contrairement à l'effet si désespérément recherché !

L'administration français que de force et énergie que sa force d'inertie...

Mais tout n'est pas là !
Regardez l'**Assemblée Nationale**, le Parlement, et le Sénat... au ¾ vide en permanence si ce n'est plus... en même temps qu'ils sont squattés par des cumulards de tous crins... dont les sièges sont quasi perpétuellement vides...

Restaurons la France - Verbatim de mes Pensées Anarchiques

Jesse CRAIGNOU

La galère France depuis 40 ans prend l'eau... et a bradé ses bijoux de famille... le faisant cher payer aux Français...

Les Fossoyeurs De L'Entreprise Française

Les 35 heures ont été le peloton d'exécution de milliers de petites entreprises françaises... et une balle de plus dans le pied de l'emploi français !
Une monstrueuse connerie due, comme les Emplois Jeunes, à l'abominable et abjecte incompétente Martine Aubry... à l'heure précise où les entreprises françaises n'avaient vraiment pas besoin de cela... sans compter l'impact sur les retraites et le chômage... le manque à gagner dans les caisses du Trésor...

Ceci ajouté aux taxations et charges écrasantes des entreprises, au remboursement du ticket de transport à 50%, aux 35 heures payées 39, à la 5ième semaine de congé (la plupart des pays n'ont encore que 2 semaines en tout !) et le 13ième mois !
Tout ceci pour encourager la consommation au détriment de la production... que la France a depuis des années 70 expatriée... mangeant ainsi et la poule et ses œufs d'or... les bijoux de famille et les fleurons qui faisaient la richesse et la gloire de la France moderne...

La France, au bord du précipice, a fait un pas fatidique en avant... l'Allemagne, alors aux 40 heures, avait baissé son nombre d'heures avant la France... pour finalement vite les ramener à 42 !

Ajoutés à tout cela le fait que l'éducation et la formation des jeunes est de plus en plus délaissée et déplorable... on fait monter tous les enfants de classe en classe pour finir par leur donner des notes et des diplômes de complaisance... qui ne valent rien... et encore moins à la féroce concurrence internationale... et tout le personnel est formé et encadré aujourd'hui par des gens qui n'ont aucune expérience ni formation sur le tas... aucun savoir-faire de terrain... ruinant toute la culture du travail et de l'entreprise par la racine...

Comment croire à l'inversion de la courbe du chômage... dans un pays dont le gouvernement tue l'entreprise, l'emploi et la production ?
Un gouvernement qui fait fuir tous ceux qui pourraient enrichir la France... et attire tous ceux qui la ruinent ?
Un gouvernement qui décourage tous ceux qui travaillent... et encourage tous ceux qui vivent d'assistanat à la solde des travailleurs ?

Travailler en France

A l'heure où la France subit déjà depuis 40 le French bashing de l'intérieur de par ses gouvernements français successifs... qui, non seulement font tout pour lui faire perdre ses cerveaux, son talent et tout son attrait en accumulant coup après coup à la tête au corps et au cœur du pays, ajoute la vermine au choléra... les soi-disant acquis sociaux s'avèrent face à la concurrence comme autant de plaies suppurantes...

Qui voudrait, dans le monde actuel, s'intéresser à un pays où le calendrier du travail impose une semaine de 35 heures (souvent payée 39 !), un mois de congés annuels, un 13ième mois et une 5ième semaine de salaire... auxquels on peut ajouter tous les nombreux jours fériés et ponts qui s'en suivent... et quelquefois encore les grèves intempestives ? Il faudrait être fou, inconscient ou suicidaire !

Le tout saupoudré une administration hyper intrusive et paranoïaque... qui s'immisce dans la moindre ouverture... terrorisant les entrepreneurs et les écrasant sous des montagnes de papiers dont la plupart est totalement inutile et très chronophage... qu'on promet de nous réduire à chaque présidentielle... bien que chacun ajoute sa couche au millefeuilles... gérée par un service public des plus incompétents, des moins conviviaux et des plus coûteux farcis de privilèges et d'avantages qui ruinent et plombent le pays... auxquels le président Hollande a maintenant enjoint de ne pas répondre aux courriers des citoyens... creusant encore l'écart et l'incompréhension entre la tête et les jambes du pays...

L'Europe et l'Union Européenne, autant que la France elle-même, ont coup après coup détruit l'artisanat et l'agriculture français... en leur imposant des taxes et des conditions impossibles à honorer tout en restant en activité... forçant l'industrie à s'exporter vers des pays offrant de la main-d'œuvre à bas coût... qui aujourd'hui nous ont dépossédé de savoir-faire et d'économie... tout cela pour suivre l'Amérique qui finit par nous faire avaler une nourriture impropre à la consommation et sans le moindre goût ni la moindre saveur... nous apportant de nouvelles maladies par la même...

Sans compter le système diplômant... qui récompense les validations des Grandes Écoles... d'où sortent des technocrates incompétents notoires qui n'ont pas et n'auront jamais, quelle que longue que soit leur carrière, l'expérience du terrain... et restent improductifs toute leur carrière émergeant avec des émoluments pharaoniques... décourageant les vrais professionnels qui font vraiment avancer le pays... mais auxquels la France refuse toute reconnaissance ou validation pendant que ses technocrates sont toujours plus vénérés... assorti d'un système universitaire qui donne des notes de complaisances aux fainéants et plus faibles... dévalorisant totalement par là la récompense et la reconnaissance des ses têtes fortes... dont beaucoup finissent par émigrer...

Au-delà de l'aberration de la politique de fuite des entreprises et de fuites des cerveaux... la France accroît chaque jour le paiement des assistés au détriment des retraités qui ont vu leurs entreprises s'en aller devant la pression fiscale et syndicale imposée par le France...

#attentat #étranger #frontnational #français #France #migrant #politique #gauche #république #syndicat

La dépendance énergétique... et pourquoi nous devons devenir indépendants !

Tout ceux qui me connaissent savent que depuis très longtemps maintenant, je milite pour la cause écologique... végétarien et décroissant de culture... je ne prends pas, je n'achète pas ce dont je n'ai besoin et je partage ce que j'ai en trop... et dès le début j'opté pour éclairages rechargeables et à basse consommation... il n'y aucun intérêt à gaspiller... il ne s'agit pas d'argent ni d'économie... il s'agit tout bonnement de logique... et à défaut de ne le faire pour soi-même le faire pour les autres...

L'heure est aujourd'hui à la dépense inconsidérée... l'irrespect pour la qualité et la valeur des choses... qui nous ont conduits à une dépendance dangereuse...
La découverte du pétrole, et du gaz, dans les pays du tiers-monde les a élevés à une dangereuse et incontournable concurrence... au point qu'ils se croient permis de se comporter avec force agressivité et arrogance... la plupart, à peine sortis de leur état de bédouins... courant encore après leurs chèvres dans le désert il n'y a guère... nous tient ainsi en esclavage !

Nous avons, dans l'enceinte de nos terres, largement de quoi recourir à des énergies disponibles, renouvelables et vertes... qui nous rendraient notre indépendance... tout en nous économisant des fortunes... pour un investissement minime...et, au pire, nous laisseraient propriétaire de notre dette...
De même... en faisant raison de l'utilisation de matériaux polluants... tels les sacs plastiques... nous verrions notre consommation de pétrole baisser drastiquement... jusqu'à ne plus ni dépendre de, ni enrichir les pays producteurs de pétroles... auxquels nous avons donner la corde avec laquelle ils nous tirent... à dépendre d'eux...
Les années 80 avaient un slogan qui tonitruait à tout va '*Nos achats sont nos emplois*'... ces années d'exaltation et insouciance nous ont bien caché que c'était ces mêmes emplois que nous envoyions à l'étranger... dans le silence complice et l'approbation la plus totale... les mêmes années qui ont promu le plastique et l'automobile comme jamais auparavant... pendant que notre avenir s'en allait à vau-l'eau...
Pendant qu'on commence à illuminer toutes les autoroutes et grandes routes toutes les nuits, les années 80 sont un long hymne et hymen à la nuit... la musique lance le culte des boites de nuits avec leurs ambiance électriques leur starisation à outrance, égoïsme d'une système qui s'étourdit de lui-même... on danse on danse on danse au bal masqué ou en lunettes noires... pour s'étourdir jusqu'au matin... Chantez Français Dansez Français Embrassez qui vous voudrez... l'émission *Lunettes Noires Pour Nuits Blanches* bat son plein... et Bohringer décale et déclame *C'Est Beau Une Ville la Nuit* au son de l'*Amazoniaque* Yves Simon et des films ambiance nuit à la *Blade Runner...* et tous les films de SF qui s'ensuivirent dans un univers nocturne construit sur mesure... repris par le polar et Catherine Lara avec son ambiance *Extérieur Nuit...*
L'électricité est nucléaire sur toutes les ondes... la nuit d'abord réservée au stars et aux asociaux devient le domaine de tout ce qui se veut fréquentable et à la mode... jusqu'aux premiers films de loups garous modernes affichant le duo maléfique de Deneuve et Bowie en *Prédateurs...* la longue nuit de l'info commence et l'overdose d'un monstrueux gaspillage énergétique... dont nous ne nous sommes jamais ni

démis ni déparés... et le prix du pétrole devient l'info primordiale de ce monde... en délit et déliquescence... le ver est définitivement dans la nuit...

La farandole infernale de la nuit a attiré jusque dans ses bras ceux-là même qui la bannissent chez eux... et la fêtent d'autant mieux chez nous... en nous la faisant payer au prix cher... la nuit accroit la délinquance et le crime...

La route sera longue pour reconquérir nos nuits... et le prix sera fort à payer... la longue marche vers le retour à l'essentiel... à l'essence qui nous délivrera des abus du pétrole... et de ses effets collatéraux... nous ramenant à une économie et une vie saine... nous rendant par là-même l'agriculture, le savoir faire de haute qualité et les métiers qui ont fait les heures glorieuses de la France...

Qui plus est, en devenant énergiquement indépendante... comme elle l'avait fait au début des années 80... la France n'enrichissait plus ces pays producteurs de pétroles musulmans qui viennent nous racheter notre pays en le dévalorisant en passant... quand ce n'est pas pour financer des mosquées qui sont les couveuses des terroristes qu'ils financent... en envoyant également des hordes de barbares nous envahir... bannissons tout le pétrole et les produits dérivés tel le plastique... et n'investissons ni ne donnons d'argent à leurs commerces... ils finiront par retomber dans l'état qu'ils prônent d'il y an 1 400 ans... et nous libérer...

La France a connu une émancipation vers sa dépendance... au début des années 80 la France faisait grand battage de son électricité nucléaire... ce qui lui a d'ailleurs tiré l'épine du pied de nombreux conflits dans nombreux pays... mais il est évident que quelqu'un quelque part a su y mettre un avis retors... et faire faire machine arrière à la France !

Mixité démystifiée – J'ai Mal à ma France !

Quelle société pour la France de demain ?

A force de nous imposer une mixité forcenée, les gouvernements des 40 dernières années nous ont installé et instauré une société étrangère de remplacement de la société française... où le Français et la Française ne se reconnaissent plus... dans laquelle le Français et la Française n'a plus sa place... pire il sont devenus les étrangers à leur propre pays... propre pour ainsi dire car l'envahisseur barbare a des règles de la citoyenneté et de l'hygiène qui ne comprennent ni la citoyenneté ni l'hygiène...

La France d'aujourd'hui est celle où des quartiers entiers affichent un cruel manque de Français... et, à l'heure, où il est question de nous imposer l'apprentissage, là encore forcé, l'arabe... les élèves qui seront contraints de l'apprendre ne parlent que peu ou pas français... et encore si mal...

Cette mixité-là, dont les vrais Français ne veulent pas, est un remplacement qui cache bien mal son nom... et annonce le suicide de la France envahie par la barbarie migratoire incandescente...

Islam d'ici... Islam de là...

Nous entendons de plus en plus de voix... de droite (Juppé) et de Gauche Valls, etc...) s'élever pour défendre un islam de France...

L'islam est bien loin d'être tels le judaïsme ou la chrétienté qui se sont adaptés et ont évolué selon les endroits et les populations locales... tout comme de par leur création d'ailleurs... l'islam est conquérant... il ne soucie guère d'où il se trouve... il convertit ou tue... il ne s'adapte pas... il force à s'adapter à lui...

Il est encore tant de gens assez crédules et ignorants pour faire montre d'angélisme ou d'hypocrisie à l'égard de l'islam... fermant yeux et oreilles à une issue qui leur sera fatale... il n'y a pas d'islam modéré... cette invention aberrante à laquelle les journalistes bobos et collabos de gauche voudraient nous faire croire... il n'y a qu'un islam et qu'un seul coran... et là où le coran passe... tout trépasse !

Le coran est intolérant... et ne supporte pas la variante ni la différence... le coran est continu et ne propose pas d'alternative... tant aux mécréants qu'à ses croyants...

Il n'y a pas d'islam de France, ou d'ailleurs, possible... le coran impose aux musulmans de rester vivre en terre d'islam ou d'y rentrer... tout comme le coran interdit aux musulmans de vivre où il y a le cochon... sous toutes ses formes... il n'y a donc de coran que celui de l'islam et de la terre d'islam... un et uni... unique... universel... car sous prétexte de tuer les impies des musulmans s'en vont au-delà de leurs terres conquérir et consacrer de la terre d'islam à tout va... tuer tout en se professant 'religion de paix et d'amour'... ce qu'elle n'est absolument pas... la seule religion de paix et d'amour est la chrétienté... qu'on y croie ou pas... seul le christ est le porteur du message d'amour... dans sa religion...

Et d'ailleurs, il n'est pour moi de religion que celle qui apporte l'union et le profit (la connaissance et l'intelligence) à ses croyants... toute autre qui le prétendrait en séparant (chiites, sunnites, wahhabites, etc...) et tuant ne peut être qu'une secte maléfique...

France, Europe et islam...

Ce n'est ni à la France... ni à l'Europe... ni au reste du monde de s'adapter à cette secte maléfique ni à la charria... s'ils veulent venir c'est à eux de s'adapter... mais de toutes façons *le Coran et leur loi interdisent de vivre où il y a le porc... et leur impose de rentrer vivre en terre musulmane !*

Les musulmans n'ont pas le droit de vivre où le porc a marché... et l'hijra leur impose de rentrer vivre en terre d'islam...
Les femmes musulmanes réclament des conditions particulières pour travailler (porter le voile ou un costume aménagé), se promener (niqab ou burka) ou pour aller se baigner à la piscine –en horaires aménagés- ou à la plage (burkini... afin de pratiquer leur croyance et la charia... elles voiles leur petite filles alors que même l'islam ne le préconise qu'aux premières règles... en plein contresens et en pleine contradiction avec ce qu'elles nous assènent comme leur croyance...
Ce qu'elles ne disent pas c'est qu'*au bled... elles ne sortent jamais de chez elles... et n'ont le droit de parler aux qu'aux hommes de leur cercle familial... et encore... elles n'ont pas voix au chapitre...*
Alors quelles sorties ? Quels emplois ?
Quant aux hommes en boubou, djellaba et babouches ils sont inemployables... lequel pourrait être performant dans un emploi avec un tel accoutrement dans nos pays ?

Leur cinéma de faire leur prière le cul en l'air en bloquant les rues et les espaces publics (depuis au moins 30 ans en France !)... restant dans l'impunité totale face au délit de Trouble de l'Ordre Public pour lequel tout autre citoyen serait verbalisé et pénalisé...
Non monsieur Valls, compères et consorts... il n'y a pas d'islam de France... il y a un seul islam... et il n'est pas modéré... cet islam-là attardé est resté au 7ième siècle et là où il passe la civilisation trépasse !

Les renvoyer de chez nous chez eux ne serait qu'appliquer la loi coranique et la charia dont ils se réclament tous autant...

Arrêtons cet angélisme débile... qui ne repose que sur des idées reçues... et ouï-dire... jamais on n'a vu de religion aussi maléfique... d'individus, zoophiles, pédophiles, meurtriers, barbares... qui torturent femmes, enfants et animaux au nom de leur dieu... un dieu qui aurait dit avoir créé le monde... mais ne sait pas que la terre est ronde...
Il est évident que cette secte qui se revêt de religion n'a pas sa place dans le monde civilisé... et en tout cas dans notre monde ! Expulsons-les et rendons les à la patrie qui les appelle... tout aussi longtemps qu'ils ne se comporteront pas en humains...
Et pourquoi et comment les gens ne seraient-ils pas islamophobes... quand les musulmans, détestent, détruisent, agressent, torturent, volent, violent et tuent tout ce que n'est pas musulman... au nom de leur dieu met leur religion maléfiques ?

Plus que de talion, ne s'agirait-il là pas tout simplement de légitime défense ?

Restaurons la France - Verbatim de mes Pensées Anarchiques

Jesse CRAIGNOU

Nous avons tous vu ces photos et ces vidéos de barbares musulmans qui volent, qui violent, qui fouettent, qui lapident, brûlent vifs, qui agressent, qui tuent et se baladent toujours avec une lame sur eux, qui décapitent des innocents... pour des raisons les plus aberrantes... dans le plus grand silence du reste de la communauté islamique... Comment peut-on tolérer de tels actes...

L'Arabie Saoudite, la première coupable, s'est vue nommée à la présidence des Droites de l'Homme... qu'elle n'a jamais cessé de violer en permanence ! Comment peut-on dire que ces barbares soient des chances pour la France... qu'ils sont les fidèles d'une religion d'amour et de paix ?

Mettons nos cochons partout !
Invasion pour invasion préférons celle du cochon !
Le porc est présent en de multiples formes dans la nourriture... même dans les confiseries et pâtisseries... les cosmétiques et les médicaments...

Ni migrants ni réfugiés ni colons... envahisseurs

Droite gauche... droite gauche... droite gauche... comme un défilé militaire toutes leurs actions et leurs méfaits n'amènent au final que balle au centre... rien ne va plus... alors droite gauche... droite gauche... droite gauche ils repartent tout ensemble dans la même direction... celle qu'ils ont toujours suivie...

Claquements de talons pad deux et ballants des bras... ils brassent de l'air... et on l'air de rien l'air hautain... le port altier...

Jesse CRAIGNOU

(In)sécurité

Je n'arrive pas à me remettre de la mort de ce Chinois de 49 ans à Aubervilliers... un homme paisible et industrieux dans une communauté paisible et discrète à l'extrême...

Cet homme est mort 5 jours après son agression... qui l'avait laissé dans un état de mort cérébrale... dans le silence le plus totale des médias et l'indifférence la plus indécente du gouvernement...

La communauté asiatique en France travaille, s'assume et participe à l'effort national... contrairement aux barbares et consorts qui l'ont froidement assassiné... dans l'impunité la plus insupportable...

Je ne cesse de penser à l'état dans lequel ce pauvre innocent est resté en suspens pendant 5 jours... voué à une mort certaine pendant qu'il demeurait dans les limbes... un corps mort dans un corps mourant...

Hélas la communauté asiatique ne vote pas en général... et n'exprime donc aucune opinion politique... et je peux imagine que ce gouvernement de Valls et Hollande ne le savent que trop bien !

Dans une France envahie par des barbares, dont 1 'Français' sur 3 se réclame... barbares d'une religion agressive qui ne veut que la mort de l'autre... dont les croyants s'entretuent... d'hommes qui battent leurs femmes comme plâtres... des hommes qui ont recours à l'acide ou la lapidation ou l'incinération vivante de leurs compagnes... des hommes qui abusent sexuellement des animaux et des enfants... quand ils ne les tuent pas tout simplement (dans certains pays on tue encore, en les enterrant vivantes, les bébés filles)... des hommes toujours prêts à brandir une lame assassine... où peut-on prétendre trouver sécurité ou refuge ?

Chaque jour des innocents, agressés, volés, violés, torturés, tabassés, égorgés, décapités, lapidés, brûlés, ...

Il a bien été question de revoir la sécurité nationale après l'abominable acte terroriste du 14 juillet à Nice... mais la sécurité en France n'existe plus depuis longtemps...

Comment pourrait-on être en sécurité quand la police a reçu l'ordre de ne pas verbaliser les contrevenants aux lois françaises... les laissant agir et mal faire à leur gré... au fi de la législation en cours... sans aucune peine encourue... et quand la justice intervient ce n'est qu'une mascarade visant à les libérer au plus vite... dégoutant au passage ceux de la police qui essaient de faire le travail d'honnêtes membres des forces de l'ordre ?

Nicolas Sakozy... le candidat présidentiel qui prétendait nettoyer les banlieues au Kärcher... a été le premier à faire fermer nombre de tribunaux de par la France... et réduire la police nationale de près de 15 000 de ses agents !

Mais, comme son prédécesseur Jacques Chirac, Nicolas-s'en-va-t-en-guerre s'est retiré de la vie politique à peine élu... et eut tôt fait d'oublier les promesses pour lesquelles il avait été élu !

Il faut nous méfier des annonces politiques qui font grand bruit... et de leurs annonces sécuritaires... qui ne pourraient être que de l'intox...

Faire croire aux Français qu'on les protège... pendant qu'on les tue...

#attentat #étranger #frontnational #français #France #migrant #politique #gauche #république #syndicat

Les Nazis avaient toujours dit que les raflés étaient partis soutenir l'effort de guerre... ils n'ont jamais dit qu'en fait ils pratiquaient des expériences scientifiques sur leurs prisonniers et finissaient par les gazer ou les brûler...
Le management par la peur est puissant et fait rage !

La sécurité en France n'existe pas.
Déjà à la fraude aux titres de transports il n'y a presque jamais de contrôle... et les seuls vraiment contrôlés sont les paisibles blancs encore assoupis dans les vapes matinales ou déjà dans la sieste post labeur... dont on sait qu'ils ne fraudent presque jamais... comparativement...
Le plan Vigipirate en est l'illustration la plus insultante... d'abord, les agents de la sécurité vigipiratée appartiennent généralement à la communauté des fauteurs de trouble... ensuite un agent à l'entrée d'un centre commerciale (aucun à l'entrée des gares ou aéroports !) face à une foule en furie... quel contrôle peut-on là raisonnablement exercer ?

La police n'a plus accès à la plupart des banlieues rebaptisées par tous les médias comme 'zone de non-droit'... où ils se font agresser, tels les pompiers et les ambulances, au péril de leur vie... La solution : refuser de soigner ces barbares !
Si un Français hausse la voix à l'adresse d'un agent de l'état, il se voit puni d'une amende de 7 500 euros... et risque la prison... et face à la racaille on se couche !

Les soldats de l'armée française s'en vont en Afrique pour aider les populations locales belligérantes... quand les Africains en France peuvent agir en toute barbarie sans être le moindrement du monde inquiétés ni dissuadés... pire encore, les gouvernements africains reprochent à la France l'intervention de nos soldats... qui meurent jeunes et loin de chez eux pour des causes qui ne sont même pas les nôtres... et de conflits à jamais irrésolus !
Et tout ça à grand renfort de budgets colossaux auxquels s'ajoutent les dons pharaoniques octroyés à tous les états africains !

Les caméras de surveillance sur notre territoire hexagonal ont fait parler d'elles lors de leur installation... et qui, malgré leur coûteux investissement, n'ont jamais été mis à l'ouvrage... aggravant et la dette nationale et locale et l'injustice faite aux Français... vous remarquerez qu'à chaque fois que les médias parlent de renseignements obtenus par des caméras de surveillance il s'agit de caméras privées (entreprises, guichets de banque, entreprises privées, centres commerciaux)... mais jamais des camérales de la ville...
Caméras, Smartphones et autres films que les barbares et les agresseurs eux-mêmes n'hésitent pas à afficher et partager sur les réseaux sociaux... qui s'en font des gorges chaudes... mais des films qui pourraient aisément identifiés et verbaliser ces criminels... et ne le font jamais... au mépris des français et dans l'indifférence de la justice française !
La France est occupée par l'ennemi et livrée pieds et poids liés par son gouvernement ! Il faudra sérieusement penser à un Nuremberg français aux prochaines élections... traduire les criminels et traitres en justice et les mettre devant leurs actes...

Restaurons la France - Verbatim de mes Pensées Anarchiques

Jesse CRAIGNOU

La seule impression de sécurité ne se trouve que dans les médias complices de la traitrise du gouvernement... qui taisent les agressions, délits et crimes... sur le terrain on ne reconnaît pas la France des Bisounours...

Quelle sécurité pourrait-il y avoir en France dans une France qui fait la promotion et pratique la collaboration des criminels et barbares... jusqu'à les inviter et les défendre contre les Français ?

Au-delà de la France l'Europe... et l'Amérique (USA) même qui prétend défendre tout le monde et ne vise qu'à la suprématie mondiale... alors que le chaos règne depuis longtemps dans une Amérique qui n'est plus que de pacotille...
Cette Amérique venue débarrasser l'Europe du barbare nazi mais peu de gens savent ou se rappellent que cette Amérique voulait déjà écraser l'Europe... ayant proposé son allégeance à l'Allemagne avec laquelle elle comptait partager le gâteau européen avant de l'éradiquer... avant de se faire renvoyer dans ses quartiers par les nazis...
Cette Amérique qui revint à la charge contre l'Europe en proposant cette même allégeance aux Russes et puis aux Britanniques... pour finalement revenir en vainqueur cher payé tant en argent qu'en vies humaines...
Cette Amérique qui, en 2 siècles et demi d'existence, a été en guerre (de par son agression) plus de 220 ans !
Cette Amérique qui promeut le terrorisme qu'elle finance, arme, entraine et soutient pendant qu'elle prétend le combattre... avec pour seule excuse l'attentat monté des de l'attaque des tours jumelles... laissant bas des milliers d'innocents... comme elle l'avait déjà fait à Sainte-Mère-l'Église et dans les environs...
Une Amérique bien agressive et sanguinaire en vérité !

Cette Amérique qui prétend prendre le contrôle de l'Europe...

#attentat #étranger #frontnational #français #France #migrant #politique #gauche #république #syndicat

Des Espoirs de l'Europe

Au sortir de la Grande Guerre, le Français Jean Monnet imagine une Europe Unie en cœur et en âme... pour le meilleur et pour le pire... une Europe solidaire et forte contre les agressions de la vie et de l'économie... contre l'Amérique.... Une Europe qui travaille en chœur...

Il nous sera finalement révélé 70 années plus tard que Jean Monnet travaillait de concert avec les Américains... qui ne visaient depuis longtemps que la destruction, l'annexion et la soumission de l'Europe... et y emploieraient tous les moyens possibles et imaginables... voire imaginables...

L'Amérique avait en fait déjà essayé de contracter une alliance avec la Russie... puis le Royaume-Uni et finalement l'Allemagne à dessein de faire tomber l'Europe dans son escarcelle... avant de ramasser ses billes et, à l'heure des comptes récupéré sa mise, même si chèrement payée, en 'sauvant' l'Europe de l'ennemi nazi...

En attendant... il nous restait l'Europe Unie, encore riche de 27 états membres, là encore chers... très chers payés, juste avant la seconde et définitive défection du Royaume-Uni... qui allait tôt commencer à en inspirer plus d'un de la suivre...

L'Europe puis l'Euro allaient faire la fortune et la force des Européens unis... seulement voilà le coût de la vie avec l'Euro a été multiplié par 7... changeant la donne de ceux-là mêmes auxquels on l'avait vendu... en leur promettant des lendemains qui chantent aujourd'hui déchantent... qui commençaient à regretter amèrement et leur monnaie et leur souveraineté nationale... aujourd'hui flanqués de pays membres chèrement achetés et qui allaient bon train à pratiquer une politique anti-Européens autant qu'elle se voulait européenne...

Une Europe Unie qui prélevait un lourd denier sur son peuple pour le redistribuer d'abord à ses agents, banquiers et politiciens... puis en cascades aux pays nécessiteux... ou paresseux... qui s'en engraissaient voracement... au dépit des cotisants...

L'Europe Unie d'aujourd'hui rame entre son chant du cygne et son requiem... et de tels prétendants que l'Islande, la Suisse ou la Norvège ont revu leur requête à la baisse... jusqu'à renoncer et à l'Euro et à l'Europe... ne fût-ce que pour sauver leur peau du marasme économique engendré par une telle gabegie... et à ce jour aucun nouveau prétendant n'est venu caresser la jarretière de l'Union Européenne... la Slovénie (restée prudemment hors UE) s'en sort comparativement mieux que la République Tchèque... s'affranchissant par là-même du lourd tribut payé à l'Européenne... c'est tout dire...

Ils ont eux aussi vu la Grèce lamentablement sombrer dans sa propre folie ogresse et aux frais des états les plus industrieux et méritoires... restée loin du succès de l'industrielle et industrieuse Allemagne qui a absorbé sa moitié ex-RDA avec brio... le Portugal, l'Espagne et l'Italie qui se maintiennent à grand peine à flot au sacrifice de leur population... et grâce aux pays les plus riches qui y ont investi... quand ils ne sont pas partis plus loin placer leur argent (Maroc pour les Français, Dubaï pour les Britanniques, ...) ...

Le Front National a de longue haleine mené son combat contre l'Euro et l'Europe... un Euro que l'Europe ne peut plus se payer... et les discours tant enflammés qu'emphatiques de Jean-Marie Le Pen lors de la grande messe de Maastricht en

Restaurons la France - Verbatim de mes Pensées Anarchiques

1992 resteront dans les annales... et si le flambeau a été depuis repris par sa toute aussi vaillante fille Marine le discours n'a pas changé... et chaque jour les faits semblent leur donner plus encore raison...

Le beau rêve d'une Europe Unie a vécu...mais elle n'y a pas survécu... et le divorce est prononcé entre l'Europe Unie et les Européens, membres ou pas, et le réveil des lendemains qui chantent est un lendemain qui déchante... et affiche et accuse une sévère gueule de bois...

Il faudrait être idiot ou fou de nos jours pour croire encore au chant de la sirène européenne... et la liste des victimes la vole toujours plus à celle des indécrottables et impénitents...

La dernière salve tirée par l'Oncle Sam reste celle des poudrières allumées çà et là en Afrique et au Moyen-Orient... qui pulvérise les migrants, en réalité envahisseurs barbares lancés sur l'Europe au nom d'Allah... telles les nuées de sauterelles sur l'Égypte ancienne...

La belliqueuse Amérique s'est encore trompée de guerre, une plaie chronique dont elle est coutumière... qui la verra bientôt passer dans le camp adverse... et, souhaitons-le, enfin laisser en paix le reste du monde... elle serait elle aussi bien avisée de prendre du recul et lécher ses plaies... pour mieux partir à la reconquête de son peuple...

Le projet du nouveau monde américain qui allait être le bâton de vieillesse de l'antique Europe... l'a vue marcher à côté de ses pompes... et Lady Liberty ne fait plus rêver que les pires prétendants...

La mariée était (trop) belle et les assauts répétés de ses amants lui ont brisé le cœur et l'ont laissée en état de mort cérébrale... exsangue de ses cerveaux et de son industrie... sous perfusion et sans défense ni chevalier en armure... de profundis...

#attentat #étranger #frontnational #français #France #migrant #politique #gauche #république #syndicat

De la Barbarie en Général et en Particulier

Aujourd'hui, ce qui faisait l'Homme est passé dans le camp adverse et se retrouve être ce que qui défait l'homme...

La religion était le fait humain qui portait haut une forme de civilisation à laquelle la plupart adhérait de gré... ou de force... le code social était la mise et la cohésion sociale était de mise...

La religion a, entre autres, apporté une réflexion sur la vie et l'Homme... en ce qu'elle offrait sa forme de justice, parfois divine, telle la doléance d'une vie meilleure pour les Hébreux en déportation en Egypte et à Babylone, et l'amour... souvent mis à lourde épreuve tel quand Dieu mit Abraham, son père des nations, en exigeant de lui qu'il sacrifiât son propre fils... avec la fin que nous connaissons... amour encore quand Jésus ajoute l'ingrédient affectif à la religion judaïque d'un dieu intolérant et colérique... autant qu'intransigeant et réprobateur...

Passée à l'adversité, la religion se fait acte de guerre et de favoritisme dans la barbarie... tout ce qui n'est pas musulman doit être converti ou éliminé... et pas de la manière la plus sympathique... jusqu'à renier même l'œuvre d'Allah qui, ayant pourtant tout créé, s'affiche ainsi prêt à sacrifier tout ce qui ne lui obéit pas aveuglément... nous retournons là au dieu de Noé prêt à sacrifié le genre humain et veau, vaches, cochons... pour ainsi dire... la religion ou son interprétation est bien là son défaut majeur... la religion à l'épreuve de l'Homme... si ce n'est même de Dieu lui-même... que dirait Dieu s'il revenait dans notre monde actuel ?

Les religions, à l'origine, étaient progressistes en ce qu'elles apportaient une forme de 'civilisation' à des 'barbares'...

Aujourd'hui, l'islam apporte la barbarie à la civilisation !

C'est un de ses signes que de frapper au hasard, quand bien même c'est calculé... tout comme le fait que l'invasion du monde civilisé a été planifié non par les Arabes et les musulmans... mais bel et bien par des entités européennes et américaines...

La barbarie a touché tout le monde... si, au début, il fut un temps auquel l'homme n'avait pas le choix pour sa survie... il se trouvait être plus proie que prédateur et devait se défendre et chercher sa survie dans l'offensive... pour assurer sa pérennité et celle des siens...

C'était surtout par réaction... alors qu'aujourd'hui la barbarie est une action... pour ne pas dire une activité !!! C'est là que la donne a changé... il ne s'agit pas de survie mais de tuerie... pure et dure !

Là où il s'agissait d'apporter de la civilisation, il n'est plus de mise que d'envahir et détruire par le fer et par le feu (de Dieu)...

Chronique Nécrologique (UE)

En un weekend seulement un tiers des pays membres de la Communauté Européenne a refermé ses frontières ! En réaction à l'impulsion autant maléfique de suicidaire d'Angela Merkel, dont le pays est pourtant un des membres fondateurs de l'Union Européenne, d'inviter un raz-de-marée de migrants à s'installer en Allemagne sans considération pour les conséquences suicidaires de son acte !

Demain, sinon dans quelques heures, d'autres pays leur emboiteront le pas... déjà certains pays, membres ou non membres, affirment ne pas vouloir reconnaître ni suivre les quotas... la Grande-Bretagne a quitté l'UE... l'Islande a annulé sa candidature... la Finlande veut sortir de l'Euro pour ne pas payer les dettes des autres membres impénitents et commence a renvoyé, comme la Norvège les migrants... l'Italie, l'Espagne et le Portugal qui laissent entrer tous les migrants qui débarquent, quand ils ne vont pas tout simplement les chercher sur les côtes africaines, ne pourront rester dans l'Union Européenne telles qu'ils sont avec le retour à l'appauvrissement d'antan (leur entrée n'aurait été justifiée que par leurs fraudes... et la volonté forcenée des membres de vouloir accroître le territoire communautaire)... et d'autres annoncent n'accepter que les réfugiés chrétiens... mais nous savons aussi que des migrants de pays arabes se font passer pour réfugiés syriens... contenant forces terroristes et djihadistes... que d'autres encore se font passer pour chrétiens pour être accueillis en Europe... de tous côtés les murs et les voix s'élèvent...

Et puis... il y a ceux qui, telle Angela Merkel, ont bifurqué à mi-chemin et se sont trompé de route... trahissant par là-même leur alliés les plus fidèle... son peuple...

Angela Merkel travaille-t-telle pour les USA ?

Après avoir invité les migrants à entrer... en ouvrant grandes les portes de l'UE, elle se rétracte en 48 heures... et fait marche arrière... et devient la première à renoncer à l'Espace Schengen... et fermer les frontières de son pays...

Il y a de quoi se poser des questions !

La France, mère de l'idée européenne, refuse toujours de voir là son erreur de jugement... et si l'idée de l'Europe Unie a semblé bonne au sortir de la 2ième guerre mondiale, elle n'est plus du tout à l'ordre du jour ni justifiée aujourd'hui...

Ceux-là qui clamaient qu'il fallait faire front à l'Amérique auraient-ils eu raison après tout ?

Nous pouvons considérer que Schengen est déjà en état chronique de mort annoncée... le Pacte ne répondait plus depuis longtemps aux objectifs qu'il s'était fixés... et n'avait jamais été mis à jour du développement de l'Europe... de même l'Union Européenne a perdu ses objectifs dont la plupart ne sont plus viables ni applicables au vu de l'évolution de vieux continent... qui chante pourtant depuis des décennies son chant du cygne...

De La Globalisation En Tonneau Des Danaïdes

Depuis le début des années 80, nous avons été nourris, abreuvés et finalement piqués de notre dose de globalisation... afin de nous faire finalement accepter que la planète terre est une et unie... la fête a battu son plein pendant toute cette longue nuit... mais le réveil est difficile... et les lendemains déchantent de toutes ces fausses notes !

Tout compte fait, au final, nous nous retrouvons étrangers dans nos propres pays envahis, exsangues de nos cultures et de nos emplois... et notre argent est géré et / ou partis à l'étranger... avec tout notre potentiel... *Nous avons vendu l'Homo Sapiens pour racheter du Neandertal*, nous disait Tiéphaine dans les années 70...

La globalisation n'a servi à rien qu'à nous déloger de chez nous, nous dépouiller de nos biens et dessaisir de nos droits... tout en nous volant nos rêves et avenir... nous ne sommes allés nulle part mais l'étranger est plus que jamais chez nous, qui vient jusque dans nos bras égorger nos fils et nos compagnes... pour toute campagne !

La globalisation a eu tôt fait de se retourner contre les globalisateurs au profit des véritables globalisants...
Le travail que toute l'Europe et l'Amérique du Nord jugeaient ingrat et trop coûteux, a enrichi la Chine qui n'a pas eu peur de se salir les mains et de ramasser les miettes de nos progrès technologique et économique... au point qu'elle est largement plus riche que tous ses pourvoyeurs de fonds réunis... et qu'elle a même investi l'Afrique où les Africains ne voyaient pas l'intérêt de mobiliser leurs forces internes à profit... tout comme le prouve, entre autres, l'Égyptologie qui a fait la fortune de l'Égypte, égyptologie pour laquelle aucun Égyptien n'a montré le moindre intérêt sérieux... alors qu'il s'agit de l'histoire même de leur propre pays !

Les pays pauvres se sont jetés en masse sur les pays riches... qui ne le sont plus avec pour dévolu de profiter de leurs richesses... avant de repartir ailleurs s'emparer des richesses des autres doux rêveurs tels que ceux-là qui prônaient la globalisation il n'y a guère de temps... la roue tourne... et il faudra longtemps avant que les choses reviennent dans l'ordre qu'elles ont connu... si on y revient jamais d'ailleurs... car, si l'on remonte jusqu'aux temps anciens et le relie avec la justice qu'on doit leur faire, il s'avère que les pays les plus prospères n'étaient pas ceux que nous avons connus... mais l'Égypte ancienne et l'Amérique Centrale...

Les USA et la guerre, les subventions terroristes, etc....

Contrairement à ce qu'ils veulent nous faire croire (intox de gauche), les USA sont en crise ! L'économie et l'emploi vont très mal... et les migrants y affluent aussi !

Ils sont responsables de la crise du Moyen-Orient et Nord-Africaine... qu'ils orchestrent et financent... comme Daesh, Al Qaida et l'EI...
Boycottons tous les produits américains pour qu'ils perdent un maximum d'argent...

Les USA sont en guerre, souvent en plusieurs pays simultanément, depuis le début de leur histoire... et leur président Barack Obama (le premier président américain noir et musulman) a reçu le Prix Nobel de la Paix bien qu'ayant engagé plus de guerre que tous les autres !
Les USA sont paranoïaques et obsédés par l'idée qu'on pourrait les envahir... tout une culture de science-fiction et de space opéras lave en permanence les cerveaux des Américains dans ce sens... tout converge à prouver leur supériorité et leur suprématie... et le bienfait qu'ils apporteraient à régner sur le monde !

Les USA financent et arment les mouvements extrémistes et terroristes... autant que provoquer des guerres partout dans le monde (ils sont en guerre depuis plus de 200 ans qu'ils existent)...
Parallèlement, ils achètent toute la technologie partout (dernièrement Alstom) et aspirent toute une immigration positive pour développer leur suprématie technologique...
D'une main, ils déstabilisent... et de l'autre, ils rétablissent et réparent à leur manière... ils n'hésitent pas à déshabiller Pierre pour habiller Paul... si cela sert leurs meilleurs intérêts... et il nous est encore soigneusement caché que l'Amérique était prête à collaboration avec les Allemands, puis les Russes, puis les Anglais pour récupérer l'Europe... pour finalement se voir abandonné par tous et revenir pour la sauver en représailles de l'abandon allemand...

Il est intéressant de notre que cette confédération américaine, que beaucoup confondent encore avec une nation unie et unique, est en fait un agglomérat de multiples identités... qui s'articulent tant autour des lois de chacun de leurs états, que des cultures d'origine de ses composants ou des confessions ou communautés...

Il est urgent de les arrêter... en boycottant leurs services et produits... et faisant tout pour retenir nos produits et attirer nos cerveaux !

Leur objectif, depuis toujours, n'a été que de détruire tout ennemi potentiel... et donc l'Europe qui, en se fédérant, pourrait se renforcer et représenter une menace... le plus intéressant dans l'affaire, et qu'ils n'avaient sûrement pas calculé, est qu'ils vont finir par tellement porter la cruche à l'eau qu'elle finira bientôt par se casser... et l'Europe se renforcer en redevenant des états individuels... mais pas désunis dans l'âme !

De Profundis clamo a te electorus...

Le PC est mort... le PS est moribond... *La gauche est morte, vive la gauche !*

La gauche ne fait plus rêver de l'égalité ou de la justice qu'elle prétendait défendre et promouvoir...
Nous savons tous aujourd'hui, à l'heure de la libre circulation de l'information, même quand ils essaient de la brider ou de la bannir, que la gauche de tous pays a été responsable des pires dictatures... et des plus grands génocides !

La seule possibilité pour récupérer des électeurs... est de nous envahir d'immigrés qui vont voter pour eux... à nos frais... sans parler de l'hécatombe qui s'en suivra !

Ils font fausse route... car ces immigrants sont complètement ingrats... et ne voient que l'intérêt eux aussi ! Une fois qu'ils auront tout bouffé, ils iront ailleurs en ne laissant que le champ de ruines qui marque leur passage...
Invitez chez vous des gens qui vous voleront, vous agresseront, violeront vos enfants... et vous tueront pour prendre vos biens et votre maison !
Surtout que, légalement et avec la loi DALO, vous ne pourrez plus les expulser !

Cette chasse aux électeurs pourrait lui coûter très cher !
Comme la Suédoise qui s'est faite violer et tuer... par les 3 Roms qu'elle a invités chez elle !

Pire encore, il n'est même pas assuré qu'ils votent pour eux... il doit bien s'en trouver quelques-uns d'honnêtes dans le tsunami de leurs migrations... et ceux-là ne voudront pas des autres envahisseurs non plus !
Les meilleurs défenseurs d'un pays sont aussi souvent leurs immigrés... l'œil est dans la tombe et regarde Caïn...

Mixité et Diversité

La gauche et tous ses sbires essaient sans cesse de nous refourguer du coloré et de l'Arabe partout à tout bout de champ (les lois anglo-saxonnes les imposent même)... mais leur problème demeure... qu'en fait personne n'en veut...

Et toutes leurs tentatives n'ont été que des échecs cuisants et retentissants... reléguant les candidats aux chaînes et heures de petites écoutes... même la chaîne exotique publique (France Ô) n'a qu'un taux d'audimat qui n'inspire que la pitié (15 à 40 000)...

et la logique financière de son coût énorme voudrait qu'on la ferme un fois pour toutes... tout cela n'est que politique et électoral... à dessein de nous faire contraire qu'on sert tout le monde et à toute le monde... rien n'est plus faux...

L'élément critique que la gauche a totalement écarté et/ou ignoré... et que tous les gens d'une même communauté, où qu'ils se trouvent, ont tôt fait de se rassembler pour récréer leur petit monde... ces communautés finissent généralement par devenir de puissants lobbys... comme l'expérimentent les USA depuis la seconde guerre mondiale à ses grands frais... des communautarismes qui s'éloignent de plus en plus au fil du temps de la culture du pays qui les a accueillis... deviennent des états dans l'état... et non seulement ne montrent aucune gratitude... mais sont toutes prêtes à mordre la main qui les nourris à la moindre occasion...

Ces communautés savent parfaitement rester en sommeil, gardant profil bas, pendant longtemps... jusqu'au moment propice auquel leur nombre justifie un soulèvement... comme nous voyons les musulmans par exemple le faire aujourd'hui...

Nous constatons tous la catastrophe flagrante que propose la jungle de Calais... dans laquelle les migrants s'entretuent et organisent des sorties et des battues contres les locaux innocents... qui souvent paient le plus cher pour les avoir à proximité...

Pire encore le démantèlement de ladite jungle ne fait que saupoudrer des groupes de migrants sur toute la France... qui n'a aucun moyen pour les accueillir et peine déjà à assister les siens... à seul dessein de les faire fondre dans la masse et les faire oublier... tout en alourdissant l'addition de leur gestion... espérant probablement qu'un jour un enfant leur verra accorder l'aberrant et irresponsable droit du sol...

Le Communautarisme – J'ai Mal à ma Communauté !

Le communautarisme fait des ravages... à tous les étages...

Tout d'abord parce qu'une communauté qui se forme dans un pays étranger est un barrage à l'insertion... les communautaires finissent par ne jamais apprendre la langue de leur pays d'accueil ou si peu... qu'ils ne peuvent pas être informés ni conscients des réalités du monde dans lequel il vivent désormais...

Ravages parce qu'il est la source de tous les bruits et rumeurs malsains qui exposent n'importe qui à n'importe quoi... tout en nourrissant animosité et jalousie... cette communauté repose sur des acquis qui seront vite révolus exposant la communauté à s'ostraciser de son pays arrivée autant que de son pays de départ... pire encore, ceux qui rentrent au pays pour leur retraite se voient très mal vus des locaux... qui les voient comme des étrangers... les Portugais appellent ces gens des 'Français'... c'est tout dire...

Le communautarisme fait croire qu'il accorde des 'privilèges' aux membres de sa communauté... alors qu'en fait elle les exploite lourdement... nous avons vu le cas de la maffia en Italie et en Amérique... mais il y en a partout...

Le communautarisme engendre le désordre et la confusion... les Malgaches, adaptés à la vie française, travailleurs, se rangent au côté des Africains assistés qui parasite notre système et prend aussi leur argent... et les Libanais craignent qu'on les prennent pour les pires Arabes alors qu'ils sont eux aussi tout au faits paisibles et bien intégrés...
Les Juifs se confondent avec les Arabes musulmans quand il s'agit d'antisémitisme... et les Arabes musulmans se confondent avec les Juifs quand il s'agit d'antisémitisme... et tout le reste du monde les mélange (ou les sépare) indifféremment selon les cas et l'info publiée... idem pour les Arméniens, confondus entre orient et occident, qui se sentent un frisson de malaise quand on parle d'immigration... au même titre que tous les Européens de l'Est, parfaitement intégrés depuis des générations contrairement aux Africains et musulmans qui se désolidarisent souvent de la France de générations... un véritable capharnaüm !

La communauté, d'une sorte ou d'une autre, fait rage... avec les résultats que l'on connait... les chiites, les sunnites, les wahhabites, les salafistes, ... s'entretuent depuis que l'islam existe et avant toutes les tribus africaines s'entretuaient dans des guerres fratricides qui n'ont jamais fait avancer l'Afrique d'un iota... pendant que les ethnies d'Amériques du Sud ou du Sud-Est Asiatiques semblent vivre côte-côtes ... sans non plus avoir jamais progressé depuis que l'Homme est Homme...

Les communautés de migrants qui se forment en Europe, en Amérique, ... restent les communautés qu'elles n'auraient jamais été si elles étaient restées chez elles... et aucune n'a vraiment progressé (bien que certains individus s'enrichissent !)... elles ont seulement tendance à se replier sur elles-mêmes... en protection d'un agression extérieure qui ne vient pas... fort heureusement... sauf dans quelques films et dans West Side Story...

Restaurons la France - Verbatim de mes Pensées Anarchiques

Jesse CRAIGNOU

Et finalement le communautarisme peut aller jusqu'à se retourner contre le pays d'accueil ! Nous l'avons vu avec la communauté turque de France et de Belgique récemment... et la communauté musulmane de part le monde qui se retourne contre tous ses pays d'accueil pour y imposer violemment la charia...

Au-delà des communautés culturelles telles qu'elles sont est venue se superposer la Communauté Européenne... qu'on a construite de toutes pièces... contre nature contre cultures... l'association des cultures européennes... pour créer une culture européenne fantoche... qu'on nous a vendu pour être à l'avantage de tous... et qui nous a tous trahis... une culture qui nous a déculturés acculturés et rendus pour la plupart incultes... à dessein de nous faire intégrer tout et n'importe pour 'le bien de la communauté'... une communauté appauvrie, baisée, lésée... rasée arasée... à ne plus avoir de culture ni de communauté... où tout va à tout va...

Cette grande messe européenne de la communauté et du Vivre Ensemble n'a, en fait, que révéler ses faiblesses et ses limites... à savoir qu'on ne fait pas vivre ensemble des individus disparates et mal accordés, voire pas accordables, purement et simplement parce qu'on en a décidé ainsi... tous les pays d'Afrique et du Moyen-Orient le révélaient déjà depuis plus d'un siècles... rassembler des gens et les mettre dans le même espace n'a jamais créé une communauté...

Masse et Union

Comme disait Bashung à Gaby : '*Y a un truc qui fait masse*'...
Beaucoup de gens l'ignorent encore mais Bashung état d'origine... algérienne... et d'ailleurs il ne parlait pas de l'invasion dans sa chanson... ni, pour autant que je sache, s'investissait-il dans la politique...

La montée en quantité des nouveaux Français, des nouveaux Européens et nouveaux Américains musulmans a sécurisé une place de masse dans la population musulmane issue d'Afrique et de pays musulmans en général... ils ont gardé profil bas en attendant l'heure... comme ils savent le faire et nous faire croire qu'ils sont nos amis... mais si l'islam attend il n'en est que d'autant plus vengeur... car ce n'est en fait qu'une bombe à retardement... d'autant plus puissante que nous l'avons, accueillie, logée, nourrie et éduquée... enrichie aux frais de la mère nourricière... pendant qu'ils n'ont jamais relâché leur allégeance à leur patrie d'origine ni à l'islam barbare... et, s'ils ont revêtu l'appareil de la modernité, ils n'en sont pas moins restés archaïques pour autant... le zèbre mue mais ne change pas ses rayures... et le musulman non plus...

Pendant qu'on roucoulait aux Français les joies de la Diversité et d Vivre Ensemble à tout va des 5 millions de musulmans dans l'hexagone, ils avaient proliféré tels des lapins pour atteindre une croissance exponentielle les portant au-delà de l'horizon des 20 voir 25 millions ! La guimauve a pris un sérieux coup et goût de harissa ! Et la semoule du couscous a outrageusement gonflé...

Les voilà aujourd'hui en force... en surnombre presque... en position de force... assortis d'une horde de migrants hirsutes marchant au pas sur le sentier de guerre à la l'Europe et l'Amérique ! S'ils n'ont jamais vraiment adopté nos us et coutumes, ils les connaissent et c'est bien la notre plus grosse faiblesse... nous ne connaissons toujours pas, ou si peu, les leurs !
Ils ne veulent plus de nos produits ni de notre culture... ni même de nous ! Ils le crient haut et fort... '*Si vous n'êtes pas contents partez !*' nous disent les Africains... qui ont déjà pratiqué la même politique de la terre brûlée et brûlante sur leur continent, dévastant tout l'environnement... '*Si vous ne vous convertissez pas mourez !*' et ils se rendent coupables des crimes les plus immondes dans l'impunité totale... ne laissant que ruines sur leur passage...
Ils ont cumulé la sérieuse avance que nous leur avons servie tout du long... beaucoup se réveillent aujourd'hui de lendemains qui chantent avec une grosse gueule de bois... ne sachant ce qui les a frappé... ni d'où vient l'uppercut... ils se campent et campent jusque sur les pas de nos portes... et s'imposent autant qu'ils nous imposent leurs mode de vie... en éradiquant les nôtres... qu'ils considère comme barbares alors que les seuls vrais barbares sont eux... mais dans une Europe qui se couchent et a trop longtemps dans leurs sens la résistance s'annonce difficile... mais pas impossible... les Français, les Européens et les Américains... ainsi que tous les autres peuples menacés par l'islam doivent se relever et se lever contre l'invasion et refuser la soumission... quelle que soit la masse de l'opposant... aucune taille ne serait être imbattable... et l'union fera notre force mais l'union des peuples... pas l'européenne !

Vivre ensemble

Dans les années 60 et 70 on se moquait bien de ces Parisiens qui allaient s'installer faire paître et tondre leurs moutons à la campagne... ou dans le Larzac... et qui, venus chercher une vie de paix idyllique, ne tardaient pas à se plaindre du chant du coq, du bruit des bœufs et de cochons... quand ce n'était pas des poules ou des grenouilles...

Beaucoup sont vite rentrés chez eux... entraînant également des ruraux dans leur sillage... concourant encore plus par là à la désertification virale de la campagne française...

Aujourd'hui on retrouve bien les mêmes sinon leurs enfants ou petits-enfants qui prônent le 'vivre ensemble'... pourvu que chacun reste chez soi et n'incommode pas l'autre... qu'ils ont tôt fait d'assigner en justice à la moindre incartade culturelle...

Comme le disait un de mes clients, amoureux du Japon et (ce qu'il croyait être) la culture japonaise... *'La bouffe japonaise c'est super mais pas tous les jours'*... et c'est bien là le nerf de la guerre pour beaucoup des plaignants !

Un autre exemple est celui d'un immeuble de bobos du onzième à Paris qui ont fini par faire expulser une famille tamoule tant ils ne supportaient plus l'odeur du curry tous les jours...

Ou les autres consorts de M Lavoine qui ont fini par faire une pétition pour faire fermer les kébabs de la Rue de Rivoli qu'ils ne supportaient plus... mais prônent tout autant l'idée de prendre un migrant chez soi... pourvu que ce fût chez les autres !

Les fans d'Augustin Legrand sur le Canal de Saint-Martin eurent tôt faire de se montrer moins bienveillants quand ils se sont retrouvés victimes des tapages nocturnes récurrents des migrants ivres... qui venaient uriner et vomir dans la porte d'entrée de leurs immeubles...

Je le dis souvent et je le répète... il y a un tas d'endroits dans le monde qui sont paradisiaques... en vacances... mais pas pour les locaux... qui, en plus, se voient constamment envahis de touristes encombrants...

Connaître une culture c'est vraiment vivre avec la communauté en question... leurs us et coutumes... et si possible pendant un long moment dans leur cadre de vie...

Même chose en société comme en politique... les couscoussiers de Saint-Denis ou Molenbeek ne font plus recette avec les Blancs et non-Magrébins depuis longtemps... et les 5 appels à la prière quotidiens pour rapatrier les croyants vers le minaret la mosquée ont gravement perdu tout leur charme...

Ne nous y trompons pas et ne nous égarons pas... le *'Chacun pour soi et Dieu pour tous'* et *'les vaches seront bien gardées'* fait encore bien valeur de loi autant que de foi... et souvent bien plus qu'on ne l'imagine chez les bien pensants et les donneurs de leçons...

Monsieur Dupont a beau avoir de grandes idées et ne pas aller à l'église tous les dimanches et fêtes... mais il défendra becs et ongles son église, sa poule au port, son steak-frites et son jambon-beurre... tout comme Mohammed sa mosquée, sa burqa et sa chorba...

Restaurons la France - Verbatim de mes Pensées Anarchiques

Jesse CRAIGNOU

Ces gens-là ne sont pas intéressés par un vivre ensemble... mais par une conquête et une assimilation du conquis tel qu'ils l'ont pratiqué de l'Arabie à Abidjan vers l'ouest et New Dehli à l'est...

Il y a un nombre une quantité fluctuante d'acceptation de l'étranger... contrairement à l'Asiatique, dont la religion n'est ni prosélyte ni conquérante, le musulman est capable de rester en sommeil pendant des décennies... tant qu'il ne se sent pas en force jusqu'à ce que sa communauté atteigne ce nombre critique et qu'il bascule et s'avère être votre pire ennemi... qui n'en veut qu'à votre vie, votre culture et vos biens... et qu'il se retourne immédiatement contre vous...
On voudrait nous faire vivre ensemble... avec des gens de communautés qui s'entre-tuent !

La révélation qu'il n'y a avait plus depuis longtemps en France 5 millions de musulmans mais plus de 20 millions... et qu'un 'Français' sur trois était un autre étranger parmi eux s'avéra un véritable électrochoc... à partir de là le 'Vivre Ensemble' devient difficilement soutenable même pour les plus ardents défenseurs de la mixité... la gueule de bois plombait l'horizon de la France...

Les rois de France enterrés à Saint-Denis doivent se retourner dans leurs tombes...

L'Invasion

L'invasion de l'Europe et de la France n'a pas commencé début 2015... mais 50 ans au moins auparavant !

D'abord on a laissé venir les harkis... en danger dans l'Algérie libérée de la présence française... et puis on a fait venir les autres Algériens et Marocains... et puis les Tunisiens... et cela a continué avec tous les pays musulmans, Afrique noire, Moyen-Orient jusqu'à l'Extrême-Orient... et même les Turcs... qui n'avaient aucune raison de venir en France... sauf la minorité chaldéenne (chrétienne)... ces Trucs installés en France, en Belgique et en Allemagne... après avoir quitté la Turquie pour des raisons politiques... et qui se tournent à nouveau vers la Turquie... où la plupart d'eux n'a jamais vécu ou si peu... et se retourne contre les pays qui les ont accueillis et donné une nouvelle chance...

Et puis, de voir tous ces hommes seuls, la France s'est émue... et a proposé de rapprocher les familles et le Rapprochement Familial était né... un rapprochement familial qui cachait la plupart du temps la cousine ou la mouquère achetée au bled à grand coup de vie meilleure (le HLM de banlieue française exerce un énorme pouvoir érotique sur la libido de la mouquère du bled)...

La conquête musulmane est d'abord souvent pacifique aujourd'hui... où le fait croire... elle se fait souvent en sourdine... occasionnellement jouant les victimes (on a été colonisés... vous nous avez tout pris... on ne nous aime pas... alors qu'on vient en paix)... on arrive un par un... et on fait les enfants sur place (la conquête par le ventre ...) et c'est plus facile à transporter... il arrive même que ce soit le fruit de quelque Française en mal d'amour qui n'a pas encore compris qu'elle ne serait jamais *'qu'une salope pour pondre des fils'* comme l'a rapporté une Française mariée à un Tunisien... qui a du fuir la Tunisie pour son salut... l'islam s'acquiert par le père... ça arrange tout le monde...

C'est pour ça... et c'est comme ça que personne ne l'a vue venir... et on continue en la saupoudrant ça et là dans les petites et grandes villes de France...

Aujourd'hui, la musulmane née en France rapporte gros sur le marché... elle apporte dans la dote l'accès à la résidence et à la nationalité...

Et tout ce petit groupe devient vite grand et s'installe et s'étale jusqu'à recouvrir un pourcentage critique sur le nouveau territoire avant de se soulever... et peuple son djihad de gens passés par des passeurs collaborateurs... et acquis à la cause...

Exode... et Migration...

Les Hébreux ont quitté l'Égypte en masse... pour fuir leurs conditions d'esclaves et de pauvreté au service du pharaon... même si l'histoire moderne en surtout gardé la version de Disney et dénoncé la fable... ces gens-là auraient fui pour des raisons valides... au moins à la lueur des organisations non-gouvernementales que nous connaissons... qui prônent la liberté de l'individu...
Avant eux, Abraham s'était mis en route sur l'ordre du divin pour aller générer des nations...
L'Amérique, dans les 500 dernières années, a connu son lot de migrants divers et variés... en quête d'une vie meilleure... avec les aléas et les résultats que nous savons... en faisant une Amérique moderne elle aussi loin du rêve des pionniers... une Amérique qui est aussi souvent mal servie par l'ingratitude de son peuple...

La même Amérique, comme son aïeule l'Europe, se voit envahir de requérants prétendant à l'asile... dont les motifs apparaissent de plus en plus comme une autre invasion invalidée par les tenants de la migration... ces migrants-là sont majoritairement des musulmans qui tuent les non-musulmans en route... là où les migrants souvent se tiennent d'habitude les coudes...
Ce ne sont pas là des migrants économiques puisqu'ils ont payé (souvent subventionné par les états musulmans du golfe persique) jusqu'à 15 000 Euros pour leur passage... ils arrivent habillé et coiffés à la dernière mode, sont équipés des derniers smartphones... et ont laissé derrière eux vieillards, femmes et enfants au pays... en bref, nous voyons là une armée d'hommes jeunes et forts en acte d'agression et d'invasions... qui veulent maintenant tout nous ravir et nous contraindre à leur mode de vie arriéré et barbare...
Les Mexicains et autres Méso et Sud-Américains sont arrivés aux USA pour sauver leurs vies et fuir la pauvreté de leurs pays... se retrouvant d'ailleurs aussi souvent sur des terres 'hispaniques' et hispanophones d'avant la confédération américaine... dont des noms résonnent encore aujourd'hui comme bien espagnols (Californie, Colorado, Texas, Nouveau Mexique, Floride, Montana, Oregon, Nevada, etc...) un bon tiers du sol des 48 premiers états...
Les Européens d'aujourd'hui varient de ceux qui ont cherché une vie meilleure à ceux qui ont fui l'envahisseur nazi... et les premiers Noirs en Amérique n'avaient eu aucun choix... passant de la liberté à l'esclavage de l'homme blanc...

Les gouvernements collabos de nos pays ont cherché à nous faire croire que ces migrants seraient une chance pour nos pays... pour la natalité et les retraites, l'économie... alors qu'en fait de chance ils ne sont qu'une grande calamité ! Ils ne vivent et ne vivront que d'assistanat, eux et leurs enfants, plombant totalement l'économie des pays d'accueil... et cela n'est que s'ils se comportent bien... parce qu'ils ne veulent souvent que voler, violer, agresser et tuer les indigènes... et, quant à la natalité et aux retraites, il est démontré que nous ferions bien mieux sans eux ! Et d'ailleurs comment pourrait-il en être autrement... dans des pays qui ont exilé leur industrie et font fuir leurs entreprises ?

Dans son *Exodus* Bob Marley prêchait pour une exode qui marquerait le retour en Éthiopie des fils du Rasta... mais le seul retour au pays que nous voyons à ce jour est celui des migrants qui partent en vacances au pays qu'ils sont supposés avoir fui… avec l'argent collecté en assistanat en Europe… l'ire n'est plus divine mais européenne quant aux impertinents migrants…

Des lits défaits dans toute l'Europe...

L'Europe en mal d'amants reproducteurs a dragué dans sa longue nuit aveugle des amants de passage leur donnant accès à son trésor de guerre... mais ces amants n'ont fait que violer leurs maîtresse et sont partis avec leur sac à main... pendant qu'elle se réveillant avec une énorme gueule de bois...

On avait voulu nous faire croire que ses amants étaient meilleurs que les nôtres... et ouvreraient pour le bien des nations... ne faisait que la promotion angélique de bandits de grands chemins... qui ont souvent assassinés mères et filles... sur l'ordre d'un dieu méphistophélique...

L'hymen brisé de l'Europe et son portefeuille arraché... ils continuent leur chevauchée tant fantastique que cauchemardesque... parmi les nôtres et nos terres... tant parmi eux sont venus avec notre accord et nous ponctionne régulièrement en toute légalité de l'argent plus volé que gagné... telle l'araignée la mouche prisonnière de sa toile...

Ces délits et ces crimes perpétrés avaient tout l'apanage de la chronique d'une mort annoncée... hypnotisés que nous étions des contes de fées de princesses et de princesses charmants... pendant 40 longues années le malin a œuvré dans l'ombre d'une manière ou d'une autre... pour plus encore ouvrir grande aux loups assoiffés de sang la porte de la bergerie...

Pendant des décennies les apôtres et les prophètes de l'apocalypse n'ont cessé leur prêche à la fraternité et l'égalité... au prix de la liberté... la France en tête de liste a prôné l'étranger et bradé du Français... *Touche pas à mon pote* et *Africolor* à tout va... la gauche vorace d'arts et d'artistes n'avait plus d'yeux que pour l'exotisme... et plus Dieu que pour le népotisme...

Dieu qui demanda à Abraham dégorgé le mouton en signe de soumission tout en épargnant son fils... Dieu qui demanda aux Hébreux de peindre le seuil du sang du mouton pour les épargner... réclame aujourd'hui son dû de sang au nom dû de la guerre sainte... les voies du seigneur sont peut-être impénétrables mais elles sont bien sanguinaires et sanguinolentes...

Il était une fois l'Europe... mais ils ne vécurent pas heureux et eurent pourtant beaucoup d'enfants... qui n'ont cesse de tuer père et mère... quant ils ne se perdent pas en guerres fratricides... l'œil de Caïn est toujours dans la tombe et regarde Caïn... et il est clair qu'il n'a pas la garde de son frère... il fut un temps auquel Dieu réglait ses comptes seul et l'Homme s'en lavait les mains...

Les Infiltrés de la République – Le Loup est dans la Bergerie de Marianne

Les attentats de Bruxelles nous ont prouvé, si tant est qu'il y en avait encore besoin, qu'il y a des infiltrés dans les services publics et de la république partout... prêts à nous envoyer ad patres à la moindre occasion... ces gens-là ont des requêtes spéciales relatives à leur nourriture à la cantine... et des facilités et temps de prières sur leurs lieux de travail...

La journaliste américaine Amber Lyon (ex CNN) a révélé au monde que l'administration Obama payait CNN pour... mentir sur l'information aux journaux télévisés...

Comment s'étonner de la facilité et de la discrétion dans la mise au point d'attentats planifiés sous nos yeux ?

Comment s'étonner du nombre énorme, et pourtant toujours croissant, des fraudeurs aux aides sociales ?

Comment s'étonner qu'Hillary Clinton elle-même annonce dans un de ces fameux discours qu'elle a créé Al Qaida en Afghanistan ?

Comment s'étonner qu'un ancien soldat de l'armée française, et de plus en plus de généraux, élèvent la voix pour dénoncer le laisser faire devant la croissance exponentielle des dérives communautaires anti-françaises et non-conformes avec la les principes de la Grande Muette ?

Mais si l'armée n'y échappe pas les prisons françaises non plus !

Déjà fortes de plus de 80 % d'Arabes, Africains et musulmans, les prisons françaises se radicalisent de plus en plus et vivent au rythme des appels à la prière... de ceux-là mêmes qui dénoncent l'agression des cloches dans nos clochers...

Peut-on faire confiance aux services Vigipirate et de sécurité... quand on sait qu'ils sont tous issus de la communauté musulmane... comme si on confiait la garde du poulailler au renard ?

Les dossiers de la CAF semblent tous passer comme une lettre à la poste... quand il s'agit d'une certaine population... dont aucun élément n'est Français de souche... les privilèges pour les autres ont libre cours à tous les étages de l'administration française... et celui-là même qui faisait la chasse aux fraudeurs au RSA avait un compte en Suisse... un autre Jérôme Cahuzac dans l'âme...

Xavier Bertrand s'augmente de 4 000 euros par mois... pour 'compenser' sa 'perte' en cessation de cumul de fonction (illégal de toutes façons)... pendant que d'autres à Beaubourg et ailleurs se paient des balades en taxi à plusieurs milliers d'euros (40 000 euros au minimum) par an... Christian Estrosi (qui prend 26 000 euros de tickets restaurants)... où vivent en HLM, pourtant si difficiles à obtenir pour le commun des mortels) alors qu'ils sont propriétaires d'un grand nombre de biens immobiliers... tout le couple Hollande-Royal... qui sous-évalue régulièrement la valeur de leur empire immobilier...

Tous pourris par la racine...

En (in)juste retour du bâton... on voit François Hollande, Ségolène Royal, Anne Hidalgo, Bernard Cazeneuve, Manuel Valls, Alain Juppé, Christian Estrosi, Nicolas Sarkozy, Justin Trudeau, Angela Merkel, Matteo Renzi, Barack Obama et Hillary Clinton, ... s'afficher en compagnie des envahisseurs et de leurs consorts... quand il ne sont pas purement et simplement remplacés par les envahisseurs tel Sadiq Khan à la mairie de Londres... et les envahisseurs eux-mêmes se justifier de leur position et de leur geste... allant jusqu'à nous traiter de barbares et prétendant nus apporter lumière et civilisation... alors qu'ils ne laissent que ruines et désolation dans leur sillage... et tout ce monde se sert dans les poches de Marianne pour eux-mêmes et les leurs... avant les nôtres qui ont pourtant cher payé pour... les autres !

Mitterrand avait été le premier grand moralisateur... qui avait, derrière son passé de résistant, omis de dire qu'il travaillait pour le collabo Laval...
Mitterrand qui avait publié l'état de ses comptes et de ses biens à son élection... puis on n'en a jamais plus entendu parler... ni des comptes qu'il avait probablement comme tous ses potes à l'étranger...
Mitterrand encore qui avait exigé que le président publie chaque mois son état de santé... qu'il avait fait falsifié... alors que son agonie a duré des années... et que son médecin était tenu au secret... que tout son entourage gardait...
Mitterrand dont la femme Danielle avait acheté les Taxis Parisiens sur un délit d'initiés (illégal) volontairement ignoré de la Commission des Opérations Boursières...
Ajoutez à tout ce beau monde d'infiltrés... les partenaires, maitresses et amants, enfants, copains, sympathisants... qui vivent tous sur la bête... aux frais du contribuable...

Je me rappelle des amis chiraquiens, dans les années 90, qui disaient combien Jacques Chirac n'avait pas de chance avec les attentats... mais nous savons maintenant que Mohamed Merah travaillait pour le gouvernement de Nicolas Sarkozy... qui aurait fait tuer le président libyen Mouammar Kadhafi après lui avoir soutiré 50 millions d'euros pour sa campagne... et que Mitterrand a connu 7 morts pour le moins suspectes de personnalités gênantes... puis il a été découvert que le gouvernement Hollande serait commanditaire des attentats du Bataclan et de Nice au moins... alors qui croire ?

Les loups infiltrés de la République n'ont plus besoin d'enfiler la peau du mouton pour commettre leurs crimes qu'ils commettent maintenant au grand jour... au vu et au su de tous d'autant plus qu'ils se savent assorti de la plus grande impunité... d'une justice complice de leurs méfaits et de leurs crimes... avec la complicité d'un état de moutons qui se laisse tondre et retondre sans cesse plus ras...

La République Française prend l'eau par tous les pores... il va y avoir fort à faire que de la colmater... traquer et détecter toutes les brebis galeuses, tous les fraudeurs dans tous les administrations, profiteurs et cumulards de tous crins, usurpateurs en tous genres, les réduire à néant et, mieux encore, les contraindre à rembourser toutes les sommes et avantages indûment perçus... comme le Trésor Public sait si bien le faire quand il s'agit des autres... car il est le premier fraudeur et l'état français le plus gros voleur...

Médias : l'Info et l'Intox

Le mandat de Nicolas Sarkozy a été aussi pourri par l'omniprésence des médias et de la presse française... qui s'est investie dans le 'Sarko bashing' pendant 5 ans non stop... les mêmes qui l'ont qualifié de 'nain' alors qu'Hollande fait la même taille... en hauteur... pour le reste il n'y a pas photo !

Des médias totalement acquis à la gauche... qui s'affichent comme à 96 % à gauche... commet peut-on prétendre qu'ils apporte un information de valeur... autre que de la démagogie et de la propagande ? Aujourd'hui plus aucun magazine ni journal français n'est lisible... ou si peu d'entre eux... et aucune chaine de télévision... tous au service de sa majesté Audacieux 1er... que je ne qualifierais que de Catastrophix... tant il aurait sa place de grand druide de la France qu'il a empoisonnée avec sa potion maléfique !

L'audience de la télévision française est tombée d'au moins 25 % dans els dernières années... et il y a peu à se demander pourquoi... Le journal Le Monde a fini par avouer avoir manipulé les Français dans l'affaire du petit Aylan...

Médias reliés par le cinéma... majoritairement sponsorisé par le denier du contribuable français... qui enrichit les stars potes et dépotes du gouvernement de François Hollande... qui n'a aucun talent pour gouvernement, ni l'intelligence du gouvernement... et que 51 % d'abrutis épais ont tout de même élu... alors que tous savaient qu'il avait ruiné sa vile, son département et sa région... idem pour sa complice et cavalière de Ségolène Royal...

Il faudra qu'on m'explique comment les films français... et autres ainsi que leurs leurs acteurs... peuvent gagner des fortunes... quand la plupart des gens qui vont au cinéma aujourd'hui ont une carte illimitée pour 100 Euros par mois... contre 10 euros la place pour les autres... l'enfant de commerçant en moi me pousse à, croire qu'il y a des rentrées... pas très transparentes...

L'info passe quand même pour qui s'y investit... une industrie chronophage... par les autres médias francophones étrangers et les journaux de province... qui, pour conserver leur électorat de petit et moyen milieu, se doit bien de tout publier... et, on le sait, dans ce petit monde tout se sait !

Et c'est donc bien là qu'il faut chercher l'info... sui détrône l'intox des grands... dans le monde des médias ce sont les grands qui mentent et les petits qui disent la vérité... c'est bien connus : *'La vérité sort de la bouche des enfants !'*

Aylan, le petit noyé

Plus on cherche à expliquer l'inexplicable... et plus cela sonne faux !
Et comme dit ma juge américaine préférée : *'Quand ça sonne faux, c'est que c'est faux !'*

Après avoir lamentablement et ostensiblement affiché la photo du petit noyé Aylan... et devant le choc global d'une population qui ne s'est pas laissée duper... le père a fait la une de tous les média pour expliquer... qu'ils ne fuyaient pas la Syrie et la guerre... que ses (deux) enfants lui avaient *'glissé des mains'*... et qu'il allait faire du tourisme médical... et la mère dans tout ça ?

C'est sur que quand votre pays croule sous les bombe, la guerre et les terroristes... votre première pensée est cosmétique *'Tiens, je crois que je vais aller me faire refaire les dents !'*... à l'étranger, car votre dentiste habituel a croulé sous les bombes lui aussi !
Il faut bien dire que de nos jours, on ne peut même plus se fier au moindre dentiste syrien !
Mais où va notre monde ? Je vous le demande bien !

Cette dernière version est encore plus folle que la première !
Je ne sais pas pour vous mais... moi je suis saisi d'un gros doute... et derrière le petit noyé, je crois et je vois qu'il y a... baleine sous grain de sable !

Le Père était le Passeur !

Alors que l'invasion de l'Europe fait rage, les médias et la gauche continuent de nous apitoyer sur le sort des migrants... devenus *'réfugiés'* ou *'déséquilibrés'* sous leurs plumes selon les événements... mais surtout pas migrants ni envahisseurs ni barbares... ce qu'ils sont bien en réalité...

Le cas le plus criant de la fraude médiatique et politique est celui du passeur qui a sacrifié ses enfants...

Un mec qui allait et venait librement... quand on ne cesse de nous répéter qu'il est difficile de passer...

Pendant que ses compatriotes tombaient sous les balles et les bombes, il partait faire du tourisme médical...

De qui se moque-t-on ?

Pourquoi la Remigration est inévitable

Tous les politiques et les médias de gauche nous incitent à accueillir l'étranger... le proclamant *'Une chance pour la France'*...
Si cela fait un beau titre la réalité sur le terrain est toute autre...
Le migrant moyen est loin d'être un Georges Charpak, Marek Halter ou Marie Curie en puissance !
Le migrant qu'on nous présente n'a aucune qualification d'aucune sorte... ne parle pas français et ne souhaite aucunement s'adapter mais imposer son mode de vie...
Mais plus inquiétant encore... est que le migrant est pratiquement toujours un homme jeune, en pleine possession de ses moyens physiques... et équipé de la dernière technologie... qui aurait laissé derrière lui au bled famille et enfant !
Quel être quitterait son pays pour fuir la guerre... en y laissant femme et enfants ?

La France, et l'Europe, pendant les 30 glorieuses et après ont fait appel à l'immigration pour faire face à la demande de l'industrialisation croissante... alors qu'elles envoyaient tout leur travail et industrie à l'étranger... en Asie... mais également au Maghreb... alors que le chômage croissait en France chez les Français... récemment encore, la France a monté une usine Renault en Algérie... et les centres d'appels se sont exportés au Maroc... face à un chômage qui ne cesse toujours pas de croire depuis plus 40 ans !
Combien d'Algériens et de Marocains sont rentrés travailler dans leur pays comme la logique l'aurait voulu ?
Le Japon renvoie systématiquement le peu d'étrangers qui travaillent au Japon à la fin de leur contrat... et le Japon refoule tout prétendant à l'asile fût-il politique ou économique... Il y a des informaticiens en chômage en France... pendant que la France continue de faire entrer des informaticiens du Maghreb... pourquoi toujours les autres avant les nôtres ?

La plupart des gens qui arrivent en France et en Europe aujourd'hui ne cherche qu'à bénéficier des mannes plus que généreuses d'une Union Européenne qui accorde aux autres ce qu'elle dénie aux siens... qui l'ont pourtant cher payé !
Ils n'ont généralement aucune qualification... la plupart n'a même jamais vraiment travaillé... et ne parle pas un mot de français !

On voudrait nous faire croire que ceux-là paieront nos retraites alors que rien n'est plus faux !
Au contraire, ils entament gravement nos retraite et autres... puisqu'ils ne vivront que d'assistanat...et l'avenir de la France, au vu de la politique française de ces 50 dernières années, qui a fait fuir l'emploi et l'entreprise avec coups sur coups assénés à l'entreprise, ne laisse pas présager que leurs enfants ne seront pas dépendants de l'assistanat et de la manne de l'état tout autant... sans jamais y contribuer... Il y en a même que après avoir, toute une vie, profité des largesses de la France refuseront finalement la nationalité française et n'auront jamais fait l'effort d'apprendre le français !

Le religieux ayatollah Khomeini et le cannibale Bokassa ont été réfugiés en France pendant de longues décennies... et, s'ils sont tombés dans les oubliettes, aujourd'hui leurs affaires ont fait grand battage et publicité pour la France Terre d'Asile et Patrie des Droits de l'Homme… aujourd'hui sous l'égide de la barbare Arabie Saoudite…

Dénatalité et Immigration

Depuis les années 70, les économistes au service du pouvoir français poussent des cris d'orfraie à voir la France vieillir et se dénataliser...
Les Français se retrouveraient en grand danger de ne pouvoir percevoir les retraites si les générations montantes ne subvenaient pas à leurs cotisations...

Toute une campagne de communication pharaonique a été lancée en réponse afin de nous expliquer combien la fertilité des pays africains et musulmans allaient nous assurer nos retraites... et de les faire venir en France à grand renfort... sous tous les prétextes... et ils arrivèrent... et il en arriva sans cesse...
Bien installés dans le berceau de Marianne les arrivants se virent accorder logements, allocations familiales, aides diverses et variées payées par le denier du contribuable français... à des gens qui reçurent tellement d'assistanat qu'on oublia de leur expliquer qu'il faudrait travailler et cotiser !
Ainsi instruits dans l'idée de la providentielle France... ils firent venir conjoint(e)s et famille et on leur inventa même le rapprochement familial... et de là les bédouins s'en retournèrent au bled acheter mouquère ! L'engrossant et l'engrossant encore pour alimenter la famille...
Bientôt... les cours de la Fatma au bled se virent monter... au plus offrant... galoper de manière exponentielle !
Et ainsi... des millions d'arrivants et leurs enfants se virent nourris sous la mère... au sein de Marianne ! Pour compléter le tableau la France les habilla, les chauffa, les envoya à l'école puis en vacances... pendant que la mère faisait du lard au foyer... blasphémant contre cette culture de mangeurs de cochon !

Bien souvent la mère ne parlait et n'apprit jamais le français... pendant ce temps le gouvernement soucieux de garder la face en attendant de se la voiler eut l'ingénieuse idées des stages d'insertion... l'immigrant et l'immigrant allait travailler... dans un pays qui décourageait en même temps l'entreprise et expatriait toute son industrie !
La nation française désormais insupportablement féconde... continue de donner le sein à ses nouveaux Français... qui ne travaillaient toujours pas... et dont les enfants tardent à trouver leur motivation pour revaloriser la France...

Alors que l'informatique était en excédent en France... et que pratiquement toute la communauté (conséquence autant qu'industrieuse) asiatique s'était mise à l'informatique (un marché qui s'exilait de plus en plus destination Roumanie... et ailleurs) on fit venir de plus en plus d'informaticiens du Maghreb... avec leurs familles... et tout du long la retraite de Mr et Mme Dupont semblait s'effilochait imperturbablement !

Au sortir de la 2ième guerre mondiale, la population française était d'environ 45 millions... les Français léchaient leurs plaies et comptaient encore leur morts... mais leur activité les enrichit des 30 glorieuses... avec un solide bond industriel en avant... envié de l'étranger... ruiné par Mitterrand en 18 mois...
70 années plus tard la France en est à sa 4ième génération d'immigrés qui portent le taux de musulmans immigrés et de leurs enfants à plus de 20 millions ! Un Français

sur 3 est issu de famille immigrée ! Et le problème des retraites n'a fait qu'empirer... même si l'état français a augmenté les cotisations et diminué les pensions...

Cette opération s'appelle un opération blanche en termes comptable... et révèle cruellement que si la France avait gardé ses emplois elle serait très riche... aurait pu avantageusement voire copieusement augmenter les pensions des retraités... sans les 20 millions de (souvent parasites) dont elle s'est portée acquéreur... au prix fort !

Cerise sur le gâteau :
La DETTE par HABITANT (pas contribuable !) en France est de près de... 34 500 Euros !
Quand on voit tous les parasites de tous acabits que l'on héberge... cela nous laisse imaginer ce que chaque CONTRIBUABLE va devoir payer !

De La Politique Moderne...

La politique devrait d'urgence connaître et reconnaître sa révolution !
En très peu de temps, les Français de 1789 ont renversé leur monarchie et instauré un tout nouveau système législatif... tout en rédigeant les Droits de l'Homme qui éclairent le monde civilisé d'aujourd'hui... le Droits de l'Homme longtemps et constamment bafoués... aujourd'hui tombés entre les mains d'une des nations la plus barbares de la planète...

Nous nous débattons encore dans un monde qui est bien trop vieux pour son âge et repose sur des préceptes d'un autre temps... d'un autre âge... la roue tourne et le monde bouge d'autant plus vite que les temps changent... et changent vite...

La politique aujourd'hui doit tenir en compte cette évolution et les outils du temps présent...
Internet nous permet d'accéder à des informations de toutes parts... et, en France par exemple, nous avons, par le biais des pays francophones d'Europe, d'Amérique et d'Afrique, d'accéder à bon nombre d'informations... et, en parlant d'autres langues, bien plus encore... ce qui permet également de couper cours à la désinformation et l'intox...

Le navire France fait à nouveau naufrage... navigant dans les eaux troubles (UMPS) entre les maelströms du PS et de LR...
Le navire France a heurté de plein fouet l'iceberg antifrontiste pro-islamiste... qui le conduit toujours plus profond dans les abîmes de l'économie et de la politique...

Plus ça va et moins ça va... et plus ça va plus les rats quittent le navire... pendant les électeurs regardent encore les matelots réarranger les transatlantiques sur le pont... au soleil d'autres promesses démagogiques... prophétiques de l'angélisme demeuré...

Il serait pourtant facile de tout bousculer... de tout changer... si les Français refusaient d'aller travailler... refusaient d'envoyer leurs enfants à l'école... refusaient d'aller dans les centres commerciaux... aller placer leur argent ailleurs que dans les banques... jusqu'à ce que cela change pour de vrai... que le système actuel soit révoqué et la nouvelle constitution intégralement réformée... au bénéfice des citoyens... et ne rien céder jusqu'à ce que tout soit mis en place... les politiques n'auraient d'autre choix que de s'aligner... car c'est leur devoir... servir la nation... et non pas se servir dans les poches de la nation... en achetant les bonnes volontés...

Légitimité Républicaine

La France compte un minimum de 20 millions de musulmans... et plus encore d'étrangers... les gouvernements mis en place par Hollande sont plus important en effectifs que ceux des plus grands pays... qui n'en ont souvent pas la moitié... même les Etats-Unis avait un gouvernement de gauche et un président musulman...
Le tout assorti de l'inextricable mille-feuilles français que chaque gouvernement et président promet de réduire... tout en le faisant enfler immanquablement... à chaque coup de fer !

Des gouvernements qui comptent bon nombre de repris de justice tels le mari et le fils de Taubira, le fils de Touraine, Sylvie Andrieux (qui, faute d'être en prison, arbore un bracelet électronique), le fils de Fabius (miraculeusement sauvé par Saint François)... et j'en passe la liste est longue... très longue...
La Ministre de la Justice Christiane Taubira a même affiché son mensonge en brandissant des documents prouvent sa compromission... pendant qu'elle vociférait qu'elle n'était pas au courant ! La même Christiane Taubira qui a passé sa vie à lutter pour l'indépendance de la Guyane (dont les Guyanais qui savent combien la France leur rapporte ne veulent pas)... et qui a tout fait pour démolir la France et sa justice une fois en poste au gouvernement français !
Un gouvernement qui est le premier à avoir fait voter autant de lois... qui nous font exiger de présenter nos diplômes pour nos emplois... et qui accorde des emplois de complaisance et cumule les emplois... en n'ayant aucun diplôme ou de faux diplômes...

Des gouvernements qui comptent bon nombre d'étrangers et de binationaux (double nationalité acquise ou de complaisance)... la seule vraie binationalité n'est celle acquise par les parents s'ils sont de nationalité différentes... le droit du sol n'est pas un droit... mais un opportunisme mal placé... et très mal investi... Nicolas Sarkozy lui-même s'inquiétait à juste titre de voir la 4ième génération d'Arabes se balader en djellaba...
Comment tout ce joli monde de la diversité agitée... pourrait-il honnêtement prêter allégeance à la France... quand ils ne sont même pas Français ? Lequel de Valls, Hidalgo, Pellerin, Placé, Azoulay, Touraine, Désir... a montré une loyauté infaillible à Marianne ? Et l'on pourrait y ajouter les collatéraux prétendants tels Cohen-Bendit, Ramadan (les 2 frères), ...

De droite comme de gauche (UMPS) les membres des gouvernements et leur aréopage des 40 dernières années ont montré leur soumission et collaboration avec l'ennemi...
Bayrou a servi dans tous les camps... Sarkozy a joué de l'Arabe, appauvri la sécurité et la justice française ainsi que les hôpitaux... Hidalgo flatte les musulmans et a infesté Paris de tellement de racailles et de barbares que la France a perdu 25 millions de touristes... Copé a fait passer des lois qu'il ne fait même pas respecter dans sa ville... et l'on en voit régulièrement taper sur leurs compères à seule fin d'être calife à la place du calife (Aubry, Montebourg, Lemaire, Juppé, ...)... quant tout ce petit cercle mafieux ne se contredit pas tout simplement d'une déclaration à l'autre (Sarkozy, Bayrou, Cambadélis, Le Maire, Wauquiez, ...) ...

Restaurons la France - Verbatim de mes Pensées Anarchiques

Jesse CRAIGNOU

Les écoles et université françaises qui trahissent les bons élèves en donnant aux mauvais des moyennes de complaisance... à des élèves généralement absents des bancs de l'école ! Et, quand on fouille dans le Curriculum universitaire des membres du gouvernement, on découvre qu'il n'ont aucun diplôme ou de faux diplômes... contre ce qu'ils prétendent !

Que... qui... reste-t-il donc de fiable dans ce système corrompu jusqu'à la moelle ? Peu de monde à la vérité... reste à savoir s'ils seront reconnus...

Nicolas Sarkozy – l'émérite du démérite

Nicolas SARKOZY remet les pieds dans la course à la présidentielle... ce n'est pas faute de le lui avoir dit qu'il n'a pas la bonne pointure...
Débarqué avec l'allure d'une météorite dans la politique française en 2007... il semblait avoir la hargne et la détermination inébranlable de Margaret THATCHER... et une classe que n'arboraient pas ni ses opposant ni concurrents...
L'adolescent de la politique sarkozyste promettait d'ajouter à la devise française les mots JUSTICE – ECONOMIE – SÉCURTITÉ... puis il officialisa sa relation avec Carla BRUNI fraichement émoulue de ses relations ENTHOVEN père et fils... et la sirène italienne eut tôt fait de l'extraire de la vie politique et de ses bonnes résolutions et belles promesses...

Nicolas SARKOZY en fait de justice ferma un tas de tribunaux... eu raison de l'économie en inventant une crise mondiale qu'il était le seul à connaître... et pour toute sécurité retira 15 000 agents des forces de la police... le tout assorti de la fermeture de nombreux hôpitaux de province...
Le feu aux poudres à finir par s'éteindre aussi vite qu'un pétard mouillé... suite à sa déclaration de nettoyer les banlieues mal famées au Kärcher... avec une dernière salve lors de sa réception à l'Élysée de Mouammar KHADDAFI sous sa tente bédouine... le même président libyen généreux donateur à la tirelire sarkozyenne... déclaré dictateur sous la houlette américaine... et exit KHADDAFI... et Sarkozy... qui déclara forfait et ne plus revenir sur la scène politique...
Le même Nicolas SARKOZY qui a fait payer à ses suiveurs les 11 millions d'Euros qui lui ont épargné la prison !

Mais quoi ? C'est toi Sarkozy là-bas dans le noir ? Mais reviens Sandro s'est mis à la guitare... et SARKOZY rebat campagne face au Gouda... dont on savait qu'il avait ruiné ville, département, région et ruinerait état...
La présidence Hollande qui s'était construite sur le 'Sarkozy bashing' révéla tant l'extrême nullité et incompétence de la gauche que celle de Nicolas SARKOZY... et que l'avènement de l'UMPS tant clamé par Marine Le Pen était pas de la paroles aux actes depuis longtemps... pour autant et pour avéré que ces crimes et délits furent pour toute la presse d'un bout à l'autre du spectre politique... Nicolas SARKOZY remonte en selle et repart en campagne... le même homme qui prétendait s'être retiré de la vie politique à la fin de son mandat inutile...

Et il y aurait encore des gens pour lui faire confiance ?

L'électron Fou

Si la politique française a ses électrons libres (Nadine MORANO, Laurent WAUQUIEZ, Rachida DATI, Arnaud MONTEBOURG, Emmanuel MACRON même, …) au moins pour un temps…

Et François BAYROU en est l'illustration parfaite ! L'estampe japonaise de la girouette politique…

L'homme qui fit un bref séjour, remarqué même à l'époque, parmi les grands de la république n'a depuis cessé d'errer tel un Petit Poucet dans la forêt sombre de la politique ayant semé si bien ses cailloux qu'il a fini par les perdre totalement… à l'instar de sa crédibilité et viabilité politiques…

Le voilà qui s'emballe, puis bascule de droite à gauche à droite à gauche… au point que son appartenance centriste n'est plus qu'un balancier électoral microscopique accordant ses maigreurs faveurs aux uns et aux autres… le très triste sort d'un bien triste sire… et pourtant il s'en trouve encore d'assez fous ou instables qui le suivent… et redescend piteux du piédestal qui ne lui a pas laissé place…

Il serait probablement la goutte d'eau qui fait déborder l'urne électorale d'une élection locale… le soutien qu'il prétend croire apporter à la droite d'aujourd'hui (à Alain JUPPÉ) serait-il aussi comptable que celui qu'il apporta à la gauche d'hier (à François HOLLANDE)… Alain JUPPÉ est déjà plutôt assez mal parti… qu'il ne serait peut-être pas le mieux avisé de se flanquer de François BAYROU qui inspire plus méfiance et défiance que confiance… son flirt avec Jean-Louis BORLOO n'avait pas été marqué des meilleurs auspices déjà à l'époque… un furtif convolé en injustes noces…

Le tour de France des élections 2017 a bien commencé mais il semble que tous aient oublié François BAYROU dans leur caravane… les chiens aboient…

Front National, Debout la France, Génération Identitaire, etc....

Je voterai pour un changement...
J'ai voté pendant 30 ans pour le moins pire... et on ne finit que par tourner en rond et onduler de droite à gauche... ce qui ne sert à rien puisqu'ils collaborent tous les deux...

Il faut absolument un changement radical... et un changement de système radical... que la France soit enfin mise à jour avec les réalités du présent... l'UE, Schengen et l'Euro c'est fini... cela n'est plus applicable et n'a jamais été appliqué comme il aurait fallu... j'ai toujours été pour une Europe et AVANT !
Il est de toute façons clair que le FN reste encore loin d'être assez actif et performant pour se garantir une victoire... je le déplore et le leur ai écrit !

Il faudrait d'ailleurs abolir les 2 tours... qui ne font que faire élire ceux dont la majorité ne veut pas !
En attendant, il faut voter au 2 tours pour le même candidat... trop de gens votent FN au premier tour et se dégonflent au deuxième... ce qui a pour résultat l'effet contraire... il faudrait également que les gens votent plus nombreux... et que le vote blanc soit comptabilisé !

Il est de plus en plus évident qu'un changement de gouvernement ne suffira pas !

Comme à la libération, il faudra absolument mettre tous ces traitres face à leurs actes... et les juger de manière appropriée... la France mettra des années à se remettre de 35 années de gauche... et à rembourser tous les dégâts et profanations occasionnés...

Il sera capital que ces jugements incluent la déchéance de tous leurs droits et le reversement des sommes perçues... Les Français, même ceux qui ont commis l'irréparable en votant pour ce gouvernement, ne l'ont pas élu pour qu'ils se servent dans les caisses de l'état ... ni ne servent leurs intérêts et ceux des collabos...

Il faut que l'Europe fasse bloc... et décide de refuser et de renvoyer systématiquement tous les migrants... remigration !
Pas de refuge ni d'asile... c'est une invasion !

Tous ces *'migrants'* qui viennent nous envahir... en prétendant fuir la misère et la guerre... constituent une armée... qui serait bien plus efficace dans leurs pays... à combattre pour la liberté et le développement de leurs nations !

J'en appelle à tous les Français à manifester leur mécontentement, leur support à la justice... et à la remigration !
Pour la France... et pour l'Europe !

Invitez chez vous des gens qui vous voleront, vous agresseront, violeront vos enfants... et vous tuerons pour prendre votre maison !

Restaurons la France - Verbatim de mes Pensées Anarchiques

Jesse CRAIGNOU

Surtout que légalement et avec la loi DALO, vous pourrez plus les expulser !
Cette chasse aux électeurs pourrait lui coûter très cher !

Comme la Suédoise qui s'est faite violer et tuer par les 3 Roms qu'elle avait invités chez elle !

Au-delà de la France, l'Europe !

L'Europe est passée en quelques décennies d'un continent riche et bourgeois... à une confédération d'états inondée de migrants inactifs et inutilisables... vivant des richesses des autres... sous des régimes de mafieux et opportunistes de gauche...

En même temps qu'elle s'est laissée envahir... ou encouragé son invasion, l'Europe a repoussé toute son industrie vers l'est... se délestant par là-même du capital de sa richesse... et donnant toujours plus au pays africains... qui réclamaient cette manne comme étant leur... mais n'ont jamais levé le petit doigt pour leur propre continent depuis des centaines de millions d'années !

Une véritable folie pandémique et suicidaire !

La Faillite européenne... et pourquoi il est temps de fermer boutique

La volonté de ne pas/plus entrer dans l'Union Européenne ou la Zone Euro de certains (Islande, Norvège, Royaume-Uni, Slovaquie, Suisse, ...) et la volonté d'autres de sortir de L'UE, de la ZE et de l'Espace Schengen (France, Italie, Pologne, RU, ...)

Puis... la volonté d'entrer / de rester dans l'UE pour les mauvaises raisons (Grèce, Turquie, ...) et la volonté et le besoin de se protéger et / ou se prémunir de fortes précautions contre les envahisseurs et les parasites (Danemark, Hongrie, Norvège... prouvent de plus en plus que le système en vigueur n'attire plus... et surtout n'est pas celui qu'on nous avait promis ! Souvent d'ailleurs motivées par le faux argument de faire front aux USA... qui nous manipulent d'autant mieux !

Il est impératif de casser ce moule maléfique...
Et que la France passe enfin à la 6ième république... tout en se débarrassant des parasites de gauche et de leur apports tous autant envahisseurs que délétères !
- L'UE étouffe trop souvent et trop longtemps sous la pression de maintenir un Euro trop fort... porté à bout de bras par 2 ou 3 membres seulement sur 27... qui découragent l'investissement sain (pas celui des pays et émirats Arabes)...
- L'UE étouffe trop souvent et trop longtemps sous la pression d'une UE trop administrative et distante de la vie des citoyens... qu'elle empoisonne à grand renfort d'administrations aberrantes, coûteuses, et de lois et de taxes... et d'un aréopage colossal de personnel coûteux et autant improductif que contre-productif... tant elle reste sourde, muette et aveugle au vrai besoin de ceux qui la constituent...
- l'UE est devenue ce véhicule spatial interstellaire qui, pour conquérir l'univers, doit être si grand qu'il s'écrase sous son propre poids avant même le décollage... car l'UE qu'on nous avait promise n'a jamais décollé !
- Le doux rêve de l'UE fraternelle et participative s'effondre devant la réalité des faits... tant la gestion que l'adoption de pays membres s'avèrent incapables et / ou non-désireux de suivre le mouvement... aux frais des membres les plus vertueux de l'UE... et les contrôles sont autant inexistants qu'inefficaces quand il existent...
- La paix européenne reste un rêve loin de la réalité, l'envahisseur est partout et les luttes intestines font rage (anciennes et nouvelles - Irlande, ex-Yougoslavie, ...) été les partis politiques qui, dans l'idéal, devraient se compléter et s'influencer positivement, se déchirent tant en externe qu'en interne... et n'imite que les extrême et les rébellions... tant l'exaspération va croissant...
- Les emplois promis se sont souvent expatriés (production et industrie, là où est la vraie croissance... et non dans le commerce ou dans l'art... comme les mouvements de gauche veulent le faire croire)... et les autres sont parasitaires et inutiles (administratifs)... et la croissance économique n'a eu lieu qu'en dehors de l'UE...

L'Europe oui mais la France, à elle seule, cumule des entités archaïques qui affichent l'arrogante évidence de leur inutilité... il suffit de regarder les actes de présence des députés sénateurs, présidents de régions, président de conseils, Chambres, etc... et les rapprocher de leurs avantages et salaires...
Un président de la république a-t-il besoin d'être payé à vie... dans une France qui clame haut et fort que ces 'emplois' sont en fait des emplois déguisés ou des faux emplois... et que l'on ne saurait payer un individu pour un travail qu'il ne fait pas !

L'Europe C'est NOUS !
A nous de la faire... ou de la défaire si elle ne nous convient pas !

L'érection du Nationalisme

A tout bien y regarder il semblerait voir apparaître de plus en plus comme une évidence qu'il y a une volonté évidente de faire une grosse purge en Europe... avec le Front National pour agent liquidateur bien plus qu'agent provocateur, afin de restaurer la vieille Europe et cracher la vérité au visage de l'Amérique... qui se croit toujours prête à régner en maître, ou plus encore en maîtresse, sur le monde...

La volonté forcenée de la gauche de tous les pays et les médias avec lesquels ils convolent et frondent pour nous prouver la maléfique entreprise du patriotisme... renforçant partout le sentiment patriotique... là où ils prétendent le combattre... et la gauche fait marche arrière partout... le bloc communiste est tombé en 1991, la Bolivie a vu son président assassiné, le Brésil sa présidente destituée, la Chine et le Vietnam s'ouvrent de plus en plus au capitalisme et à l'économie de marché, la Scandinavie traditionnellement de centre-gauche oscille vers l'appel irrésistible de la droite et de ses valeurs... la France a vu Mélenchon enterrer le Parti Communiste 2 décennies seulement après l'enterrement de Force Ouvrière, et François Hollande en tandem avec Ségolène Royal a déjà profondément creusé la tombe du socialisme français... les Pays-Bas ont un fort front national, l'Autriche est en passe d'y passer, et l'Allemagne voit son patriotisme remonter à la vitesse lumière... l'Irlande, à son tour, vient de voir naitre un nouveau parti nationaliste...

Action-réaction, nous voyons là les effets des forces centrifuges à l'œuvre... la droite a souvent partie liée avec la gauche... comme nous l'avons vu avec l'UMPS en France... et le Royaume-Uni, avec John Major, a initié une politique de gauche donnant dans le centre-droite... sous le sobriquet de Nouvelle Gauche... mais qui roulait pour l'économie de marché... et a très bien fonctionné pour le Royaume-Uni jusqu'à ce jour...
De toutes parts... le nationalisme fait résurgence et affiche la fierté nationale... et le rejet de l'invasion et de la soumission... les autres gavés aux frais des nôtres ont mangé leur pain blanc... et l'heure de la révolution et de la libération a sonné... en France et ailleurs, même parmi les nouveaux Français et nouveaux Européens et Américains, il se trouve des individus qui ne veulent plus de la culture qu'ils ont quittée parce qu'elle les soumettait et bridait largement leur liberté chez eux... et en politique, des représentants de la gauche passent à l'extrême-droite... sans transition, en ligne droite... et entre dans la droite ligne du Front National... l'érection nationale est bel et bien là... réelle et une réalité avec laquelle il faut compter désormais...

Le Front National est bien campé pour prendre de justes racines sur ses terres et au-delà... proposant un recentrage sur la souveraineté nationale et l'indépendance... avec un retour aux traditions et un regain de culture individuelle... il ne manque plus à cela, mais ils s'y emploient avec l'autre de leurs opposants, qui curieusement leur pavent la route et leur construisent un pont d'or... pour les conduire à la victoire à la manière d'une chronique d'avènement annoncé à peine cachée...et aucunement dissimulée... tout semble fait par la gauche et ses consorts pour dégoûter de la gauche et débouter la gauche de partout où elle se trouve sévir... l'opposition pourtant dissociée et individualiste aura beau vouloir s'associer comme elle aimerait peut-être le faire le Front National reste en pole position des intentions de votes... et trône sur la crête de la vague bleu marine...

Marine Le Pen a depuis longtemps, et de longue haleine révisé, le Front national créé par son père... et l'a par là-même rendu plausible et attrayant et même la gauche n'a fait que de justifier de son existence depuis lors... au point Marine Le Pen en est arrivée à devenir la personnalité la plus courtisée des médias... qui semble porter Marine Le Pen vers l'Élysée de manière de plus en plus insolemment flagrante... la renaissance de la France semble assurée...

Restaurons la France 2

La France a inspiré le monde par sa culture, sa littérature, son cinéma, son indépendance et son insoumission à l'ennemi, sa justice, sa cuisine, son art...

Les plus grands artistes et les plus grands scientifiques ont quitté leur pays pour la France...

La France a perdu tout son art et sa justice... toute sa culture a été détruite par les barbares investi ou envahisseurs...

Achetons français... de bons produits traditionnels français... fabriqués en France, à la française... par des Français... au bon goût de la France...

Redonnons à la France sa souveraineté et sa culture...

La France n'a que faire des burgers qui pullulent et polluent (chaque burgers est vendu dans une boite non-biodégradable pour commencer !)... dans lesquels ont a trouvé excréments, ADN humain, sperme humain, plastique, et autres substances nocives... rendez-nous notre 'jambon beurre (le Parisien)' et notre Lyonnais...

les français doivent redécouvrir leur culture et leurs richesses... faisons revenir l'industrie française en France, comme l'a fait Margaret Thatcher en Grande-Bretagne...

Une chose est sûre... ce n'est pas en continuant ce que nous avons toujours fait que les choses v ont changer...

Il est temps de passer à autre chose... et pour de bon... pour le meilleur... et laisser le pire derrière nous...

J'écris

Les mots ont toujours eu –et auront toujours- joué un rôle capital dans ma vie...
Je n'ai rien de mieux à offrir que ma parole donnée...

Dès le moment où j'ai su lire, j'ai lu... dès l'instant où j'ai su écrire, j'ai écrit...
Les mots ont sur moi un pouvoir magique...

Les mots ont leur propre musique... et les mots nous suivront toujours...

J'aborde l'écriture d'une manière orale... plus lue, plus à écouter qu'à lire... je dis
souvent lire avec ses oreilles...
J'invite le lecteur à se laisser bercer se laisser tanguer jusqu'à dériver puis chavirer
se laisser danser au son de la mélodie des mots... qui m'ont probablement conduit à
la musicothérapie...

J'écris... depuis que je sais écrire j'écris...
Je n'ai jamais su pourquoi et pas toujours su comment...
C'est ainsi... J'écris.
C'est plus fort que moi, je ne peux pas m'en empêcher...
Les mots s'enchainent et se déchainent...
Les mots s'emballent les mots s'enchantent les mots s'emportent les mots
s'entrechoquent les mots choquent les mots rockent... et tournent et valsent et
retournent... dans le tourbillon de ma vie...

Quel que soit l'endroit ou l'heure... j'écris... sur tout... partout... surtout...

J'écris quatre ou cinq livres en même temps. J'écris tout le temps. Dans ma tête
dans mon travail quand je fais l'amour...sur plusieurs plans parallèles... Des vies
parallèles...
Roman, romance, fiction, autofiction, science-fiction, théâtre, mots-valises,
traductions, adaptations, ...

Je peins...
Je peins à la Jackson Pollock. Je peine.
À tort et à travers dans les brouillards de mon âme...

Adaptations, chansons, comédies musicales, nouvelles, poésies, romans, scénarios,
textes, traductions...
Mes écrits peuvent être montés sur scène.

Merci

Merci d'avoir acheté mon livre.

J'espère que vous aurez pris autant de plaisir à les lire que j'en ai pris à les écrire et que nous pourrons encore partager beaucoup de ces moments privilégiés...

J'ai aujourd'hui en mon nom divers livres, tant professionnels que littéraires, dont certains existent également en livres audio à écouter, à faire écouter et réécouter... en privé ou ensemble...

J'ai écrit

En français
- *Recyclage*
- *Au Bord D'Elles* (aussi en livre audio lu par Jesse CRAIGNOU)
- *Noteur*
- *L'Enfant Perdu*
- *Entre Deux Stations*
- *Journée De La Femme* (aussi en livre audio lu par Jesse CRAIGNOU)
- *de Natura*
- *Histoires D'Iran* (aussi en livre audio lu par Jesse CRAIGNOU)
- *À L'Antenne*
- *Restaurons la France – Verbatim de mes Pensées Anarchiques*

En anglais
- *Live To Tell*
- *Righter* (aussi en livre audio lu par Maxine LENNON)
- *BioHazard* (aussi en livre audio lu par David GEORGE)
- *A Woman's Day*
- *Booster Shot* (aussi en livre audio lu par David GEORGE)
- *Keeping Me Company* (aussi en livre audio lu par Helen LLOYD)
- *In Between Stations*
- *Love Wars*
- *Ten A Penny*
- *Second Helpings*
- *Visionary Mountains* (aussi en livre audio lu par Helen LLOYD)
- *Deflecting Patience*
- *Umma Dawn – The Confidential Files*
- *Raising Atlantis*
- *Redesigning Eden*
- *At The Gaytes Of Heaven*
- *Death Watch – A Matter Of Life*
- *Love... And Stuff Like That !*
- *To Think I Ran*
- *My Greatest Hits*
- *Poems & Songs*
- *Quilled ! Words Of A Feather*
- *Surrogate Life*
- *Danced A Little Tune*
- *Eerie Arias*
- *Tales For Overgrown Children* (aussi en livre audio lu par Jesse CRAIGNOU)

Ouvrages pédagogiques
- **Stories For English** (aussi en livre audio lu par Tory L WILSON)
- **Stories For English (Student's Edition)** (aussi en livre audio lu par Dave WRIGHT)
- **Finger Licking Good (Student's Edition)** (aussi en livre audio lu par Bobby BRIGHT)
- **Stories For English (Exercise And Practice)**

#attentat #étranger #frontnational #français #France #migrant #politique #gauche #république #syndicat

- ***More Stories For English*** (aussi en livre audio lu par Kathy BRODERICK)
- ***Stories For French*** (aussi en livre audio lu par Jesse CRAIGNOU)
- ***Singin' To English***
- ***The Comprehensive Teacher*** (aussi en livre audio lu par Maxine LENNON)
- ***Business English Test***
- ***Paris Passion***
- ***Finger Licking Good***
- ***Going Places***
- ***Easy English Grammar and Tenses***
- ***Plain Sailing***
- ***I Speak A Little English*** (aussi en livre audio lu par Jesse CRAIGNOU)
- ***I Speak A Little More English*** (aussi en livre audio lu par Jesse CRAIGNOU)
- ***I Speak A Little French (Je Parle Un Peu Français)*** (aussi en livre audio lu par Jesse CRAIGNOU)

Pour les enfants (avec Franklin ERDER)
- ***Le Monstre Mangeur d'Alisons (The Alison Eating Monster)***
- ***Les Goulous Vont Se Coucher (The Wolloes Go To Bed)***
- ***Les Goulous Font La Fête (The Wolloes Have A party)***
- ***Le Petit Tailleur De Pierre (The Little Stone Cutter)***

Livres Audio

Vous ne lisez pas beaucoup mais… vous aimez les histoires ?

Essayez les livres audio sur tous les téléphones, tablettes et ordinateurs…
En vente sur Amazon, Audible & iTunes

Lu par Bobby BRIGHT
• *Finger Licking Good*

Lu par David GEORGE
• *BioHazard*
• *Booster Shot*

Lu par Maxine LENNON
• *Righter*
• *The Comprehensive Teacher*

Lu par Helen LLOYD
• *Keeping Me Company*
• *Visionary Mountains*

Lu par Tory L. WILSON
• *Stories For English*

Lu par Dave WRIGHT
• *Stories For English (Student's Edition)*

Lu par Jesse CRAIGNOU
• *Tales For Overgrown Children*
• *I Speak A Little English*
• *I Speak A Little More English*
• *I Speak A Little French (Je Parle Un Peu Français)*
• *Stories For French*
• *Au Bord D'Elles*
• *Histoires D'Iran*

Tous mes livres écrits et enregistrés, mes compositions et chansons sont protégés par les lois qui régissent les droits d'auteur… sur tous les supports connus et à connaître…

Pour de plus amples renseignements…
Contactez-moi: jesse.craignou@yahoo.fr

Je suis présent sur les réseaux sociaux et internet... et dans le monde de la formation en conseil et coaching... en langues et communication.
Nous pouvons nous retrouver en différents endroits et échanger...

Pour mieux me connaître :

Vous pouvez me suivre sur ces différentes plateformes...

http://www.facebook.com/profile.php?id=716938953
ou
http://www.viadeo.com/profile/0022elircedzsaht
ou encore
https://www.amazon.fr/s/ref=nb_sb_noss?__mk_fr_FR=ÅMÅŽÕÑ&url=search-alias%3Daps&field-keywords=jesse+craignou&rh=i%3Aaps%2Ck%3Ajesse+craignou
et
https://store.kobobooks.com/en-us/search?query=Jesse+CRAIGNOU&fcsearchfield=Author&changeLanguage=True&pageNumber=1

Mes blogs :
http://learningandteachingenglish.com

http://tout-l-anglais-pour-tous.over-blog.com/
http://paroles-et-musique.over-blog.com

et pour les visiteurs avertis (chaud) :
http://mylovesexydungeon.com

Formations et Coaching

Je forme et je coache en **langues et communication** en français, italien et anglais.

Pour mes **formations et coaching** en langues et en communication,

J'interviens également pour des rencontres **lectures et formations** dans les écoles, lycées et collèges et bibliothèques…

Contactez-moi :
Jesse.craignou@yahoo.fr

Copyright 2016